भोजपुरी लोकसाहित्य

[संचयन]

भोजपुरी लोकसाहित्य

राष्ट्रीय शिक्षा नीति 2020 के अन्तर्गत स्नातक हिन्दी के लिए भोजपुरी लोकसाहित्य की पाठ्यपुस्तक

सम्पादक

प्रो. प्रकाश उदय
प्रोफेसर एवं अध्यक्ष हिन्दी विभाग
श्री बलदेव स्नातकोत्तर महाविद्यालय
बड़ागाँव, वाराणसी (उत्तर प्रदेश)

प्रो. गोरखनाथ
प्रोफेसर एवं अध्यक्ष हिन्दी विभाग
उदय प्रताप कॉलेज, वाराणसी
(उत्तर प्रदेश)

लोकभारती प्रकाशन

लोकभारती प्रकाशन
पहली मंजिल, दरबारी बिल्डिंग, महात्मा गांधी मार्ग
प्रयागराज-211 001
वेबसाइट : www.lokbhartiprakashan.com
ईमेल : info@lokbhartiprakashan.com
शाखाएँ : 1-बी, नेताजी सुभाष मार्ग, दरियागंज
नई दिल्ली-110 002
अशोक राजपथ, साइंस कॉलेज के सामने
पटना-800 006
1, अनमोल सोराबजी सन्तुक लेन, धोबी तलाव
मरीन लाइंस, मुम्बई-400 002

पहला संस्करण : 2024

मूल्य : ₹495

बी.के. ऑफसेट
नवीन शाहदरा, दिल्ली-110 032
द्वारा मुद्रित

BHOJPURI LOK SAHITYA
Edited by Prof. Prakash Uday, Prof. Gorakhnath

ISBN : 978-81-19996-98-8

सम्पादकीय

राष्ट्रीय शिक्षा नीति 2020 के आलोक में उ.प्र. शासन द्वारा स्वीकृत 'लोकसाहित्य और लोक संस्कृति' प्रश्नपत्र के अन्तर्गत अपेक्षा की गई है कि स्नातक स्तर के विद्यार्थियों को अंचल विशेष के लोकसाहित्य का व्यावहारिक अध्ययन कराया जाए। भोजपुरी लोकसाहित्य का यह संचयन भोजपुरी क्षेत्र में विद्यमान विश्वविद्यालयों एवं महाविद्यालयों के विद्यार्थियों के लिए भोजपुरी लोकसाहित्य की पाठ्यपुस्तक के रूप में तैयार किया गया है। इस संचयन में हमने प्रयास किया है कि भोजपुरी के लोकगीतों, कथाओं, गाथाओं, लोकनाट्य एवं लोकोक्तियों को मूल रूप से भोजपुरी में ही प्रस्तुत किया जाए। इसलिए इस पुस्तक में आने वाले सभी पाठ्यांशों की भाषा खड़ी बोली न होकर भोजपुरी ही है। इससे भोजपुरी लोकसाहित्य के विद्यार्थियों का पाठ के मूल रूप से परिचय हो सकेगा और राष्ट्रीय शिक्षा नीति 2020 के उद्देश्यों के अनुरूप अपनी भाषा एवं संस्कृति के मौलिक स्वरूप से परिचय प्राप्त करने में उन्हें विशेष सहूलियत मिलेगी।

प्रस्तुत संचयन को तैयार करने में हमने जिन विद्वानों एवं मनीषियों द्वारा पूर्व में किए गए कार्यों से सहयोग प्राप्त किया है, उनके प्रति कृतज्ञता प्रकट करना नितान्त जरूरी कार्यभार है। इस दृष्टि से पं. विद्यानिवास मिश्र, डॉ. सत्यव्रत सिन्हा, डॉ. सत्येन्द्र, डॉ. श्याम परमार, डॉ. कृष्णदेव उपाध्याय के नाम अत्यन्त आदर से लिए जा सकते हैं। लोकनाट्य 'मुँअला में गत है' के उस भाषायी रूप को तैयार करना हमारे लिए एक चुनौती थी, जो बनारस के आसपास प्रचलित रहा हो। इस कार्य को सहज बनाने के लिए भोजपुरी हिन्दी के प्रसिद्ध कवि श्री होरीलाल 'अशान्त' एवं अंग्रेजी भाषा साहित्य के अध्येता श्री सुदेश सिंह के प्रति हार्दिक आभार। पुस्तक के अक्षर-संयोजन के लिए हमेशा की तरह श्री जयनाथ सिंह के प्रति हम चिर कृतज्ञ

हैं। हमारे लिए प्रसन्नता का विषय है कि लोकभारती प्रकाशन, प्रयागराज ने इस पुस्तक के प्रकाशन में रुचि ली। इसके लिए हम लोकभारती प्रकाशन और उसके निदेशक श्री आमोद माहेश्वरी जी के प्रति हृदय से आभारी हैं।

इस पुस्तक में हमने लोकसाहित्य के विभिन्न पक्षों के साथ ही भोजपुरी भाषा एवं लोकसाहित्य का भी सामान्य परिचय दिया है। विद्यार्थियों की सुविधा के लिए परिशिष्ट में अलग-अलग अंशों के कठिन शब्दों का अर्थ भी दिया गया है। भोजपुरी लोकसाहित्य का यह संचयन भोजपुरी की भौगोलिक सीमा में आने वाले विश्वविद्यालयों एवं महाविद्यालयों के विद्यार्थियों के लिए विशेष लाभदायक है। वैसे हमारी जानकारी में पाठ्यपुस्तक के रूप में भोजपुरी लोकसाहित्य का इस तरह का कोई दूसरा संकलन नहीं है, जिसकी पाठ्य-सामग्री मूल रूप से भोजपुरी में हो। इस नाते यह अपने ढंग का पहला संकलन है। हमें पूरा यकीन है कि यह संचयन न केवल स्नातक स्तर के भोजपुरी लोकसाहित्य का अध्ययन करने वाले विद्यार्थियों के लिए उपयोगी होगा, बल्कि इस विषय में रुचि रखने वाले अध्येताओं और सुधी पाठकों के लिए भी लाभदायक होगा।

अस्तु!

क्रम

लोक और लोकसाहित्य

प्रो. गोरखनाथ

हिन्दी साहित्य का लगभग तेरह सौ वर्षों की दीर्घ अवधि में फैला हुआ इतिहास इस बात का पुष्ट प्रमाण प्रस्तुत करता है कि हिन्दी भाषा में लिखा गया साहित्य पर्याप्त, प्रचुर एवं वैविध्यपूर्ण है। इससे हिन्दी जनमानस की एक सजग और रचनात्मक छवि निर्मित होती है। आधुनिक काल में भले ही हिन्दी का रचनात्मक लेखन खड़ी बोली में ही अधिक हुआ है, लेकिन लगभग 8वीं शताब्दी के मध्य से आरम्भ होने वाले हिन्दी साहित्य में हिन्दी परिवार की भाषाओं और उनके लोक के सुख-दुखात्मक अनुभवों की अभिव्यक्ति अत्यन्त गहरी रही है। साथ ही इन भाषाओं का साहित्य अलग से भी अत्यधिक समृद्ध रहा है। हिन्दी परिवार की 17-18 भाषाओं के रचनाकारों ने अपने रचनात्मक अनुभवों को भोजपुरी, ब्रज, अवधी, मैथिली आदि में अपेक्षाकृत अधिक जीवन्त रूप में प्रकट किया है। 20वीं शताब्दी के आरम्भ से ही अध्येताओं और विद्वानों का ध्यान इन भाषाओं के लोकसाहित्य के अध्ययन और अनुशीलन की ओर गया। आज स्थिति यह है कि किसी भाषा का शिष्ट साहित्य चाहे जितना ही समृद्ध रहा हो, लेकिन उसकी बोलियों में रचित लोकसाहित्य का अध्ययन एक अनिवार्य विषय बन गया है। लोकसाहित्य के अध्ययन के बिना किसी भाषा के साहित्य का अध्ययन पूरा नहीं होता। लोकसाहित्य के इसी महत्त्व को देखते हुए अनेक विद्वानों एवं अध्येताओं ने लोकसाहित्य के विभिन्न पक्षों का अध्ययन अत्यन्त गम्भीरता से किया है जिसका सामान्य परिचय निम्नलिखित बिन्दुओं के अन्तर्गत प्राप्त किया जा सकता है—

लोक का अर्थ, प्रयोग परम्परा एवं परिभाषा
लोक की विशेषताएँ
लोकसाहित्य : परिभाषा, स्वरूप एवं क्षेत्र
लोकसाहित्य का संकलन और अध्ययन
लोकसाहित्य और लोक संस्कृति

लोकसाहित्य का वर्गीकरण

लोकसाहित्य का महत्त्व

लोक का अर्थ, प्रयोग परम्परा एवं परिभाषा

(क) 'लोक' का अर्थ

'लोक' शब्द संस्कृत के 'लोकृ दर्शने' धातु से घञ् प्रत्यय लगाने से बना है। सामान्यतः इस शब्द का अर्थ देखना होता है, लेकिन व्यवहार में इस शब्द के अनेक अर्थ प्रचलित मिलते हैं; जैसे—देखना, प्रत्यक्ष ज्ञान प्राप्त करना, देखने वाला, प्रकाशित होना, प्रकाशित करना, दुनिया, दुनिया का एक भाग, जन या लोग आदि। 'लोक' के इन सभी अर्थों में दो अर्थ सबसे अधिक प्रचलित हैं—

1. *स्थान विशेष*—इसी अर्थ में 'लोक' शब्द इहलोक, उहलोक, त्रिलोक, सप्तलोक आदि का वाचक है,
2. *जनसामान्य*—इसी अर्थ में 'लोक' से हिन्दी का 'लोग' शब्द बनता है।

'लोक' के अर्थ में अंग्रेजी के 'फोक' शब्द का प्रयोग भी मिलता है। इस सम्बन्ध में उल्लेखनीय है कि अंग्रेजी का 'फोक' शब्द भी सामान्यतः 'लोक' जैसा व्यापक अर्थ रखता है, लेकिन 'फोक' शब्द का प्रयोग विशेष रूप से नागरिक सभ्यता, संस्कृति और शिक्षा से जो दूर है, उसके लिए किया जाता है। ऐसी स्थिति में 'लोक' को 'फोक' के पर्याय या अनुवाद के रूप में समझना उचित नहीं है। 'फोक' में बीते हुए, गँवई, अधभूले; इसलिए दयनीय और बचाकर रखने योग्य की गंध है। इसके विपरीत हमारे यहाँ 'लोक' प्रत्यक्ष है, प्रकाशित है और प्रकाशित करता है, वह प्रबल है, प्रतापी है। वह वेद और शास्त्र की तरह ही प्रमाण है। यहाँ तक कि कोई बात शास्त्र-सम्मत होने के बाद भी यदि लोक-विरुद्ध हो तो मान्य नहीं है। फोक और लोक के इस अन्तर को ध्यान में रखना भारतीय लोकसाहित्य के अध्येता के लिए नितान्त आवश्यक है।

लोक के अर्थ में 'ग्राम' और 'जन' शब्दों का प्रयोग भी प्रायः किया जाता है। इस सन्दर्भ में ध्यान देने योग्य है कि 'ग्राम' केवल स्थान का वाचक है, जबकि लोक में स्थान और जन दोनों का अर्थ निहित है। ऐसा भी नहीं है कि केवल गाँव में रहने वाले ही लोक में रहते हैं। इसी तरह 'जन' शब्द एक तो स्थान का अर्थ नहीं देता, दूसरे जन के राजनीतिक सन्दर्भ भी हैं। यही नहीं जन केवल मनुष्यों को कहा जाता है, जबकि लोक में मनुष्य, पशु, पक्षी, पेड़-पौधे सब आते हैं।

(ख) 'लोक' शब्द के प्रयोग की परम्परा

भारतीय जीवन और साहित्य में 'लोक' शब्द के प्रयोग के साक्ष्य प्राचीन काल से ही प्रचुर मात्रा में मिलने लगते हैं। भारत के प्राचीनतम ग्रंथ 'ऋग्वेद' में 'लोक' शब्द का जन, जीव और जगह के अर्थ में कई बार प्रयोग हुआ है। जैमिनीय उपनिषद् में लोक को प्रत्येक वस्तु में व्याप्त बताया गया है। पाणिनि की 'अष्टाध्यायी' में किए गए प्रयोगों से समाज में लोक और वेद की दो अलग-अलग परम्पराओं के होने का पता चलता है। वररुचि के वार्तिकों तथा पतंजलि के 'महाभाष्य' में 'लोक' शब्द का प्रयोग विभिन्न अर्थों में हुआ है। भरतमुनि ने 'नाट्यशास्त्र' में लोकधर्मी प्रवृत्तियों का उल्लेख किया है। व्यास ने 'महाभारत' में बताया है कि लोक को जिसने अपनी आँखों से देखा हो वही उसे जान सकता है। गीता में श्रीकृष्ण 'लोकसंग्रह' पर बल देते हैं। लोकसंग्रह से उनका आशय जनता के आचरण और आदर्श से है। लोकायत दर्शन भी इसी बात की पुष्टि करता है—'लोकेषु आगतः लोकायतः।' हिन्दी साहित्य के भक्तिकाल में वेद के साथ लोक की स्वतंत्र सत्ता मानी गई है। महाकवि तुलसीदास ने लिखा है—'लोकहु वेद सुसाहिब रीती। विनय सुनत पहिचानत प्रीती।' आचार्य रामचन्द्र शुक्ल ने 'लोकमंगल' को साहित्य के सर्वश्रेष्ठ मूल्य के रूप में स्थापित करते हुए लोकसामान्य, लोकसत्ता, लोकव्यवहार, लोकधर्म, लोकनायक आदि शब्दों का स्थान-स्थान पर प्रयोग किया है। आचार्य हजारी प्रसाद द्विवेदी ने भक्तिकाल का मुख्य द्वन्द्व लोक और शास्त्र के बीच माना है। इसी तरह डॉ. रामविलास शर्मा ने भक्तिकाल को 'लोक जागरण' का काल कहा है। ये सभी सन्दर्भ प्रमाणित करते हैं कि भारतीय जनजीवन और लेखन-परम्परा में 'लोक' शब्द आरम्भ से ही रचा-बसा रहा है।

(ग) लोक की परिभाषा

लोक के विभिन्न पक्षों पर विचार करने वाले विद्वानों ने अपनी-अपनी दृष्टि से उसे परिभाषित करने का प्रयास भी किया है। डॉ. वासुदेवशरण अग्रवाल का मत है कि "लोक हमारे जीवन का महासमुद्र है, उसमें भूत, भविष्य, वर्तमान सभी कुछ संचित रहता है।" डॉ. कुंजबिहारी दास ने लोक की परिभाषा देते हुए लोक को सुसंस्कृत, सुसभ्य प्रभावों से बाहर कमोवेश आदिम अवस्था में रहने वालों के रूप में देखा है।

'लोक' की ये परिभाषाएँ तथा इस तरह की अन्य परिभाषाएँ 'लोक' की उतनी नहीं जितनी 'फोक' की हैं। इन परिभाषाओं की अपेक्षा आचार्य हजारी

प्रसाद द्विवेदी, डॉ. श्याम परमार, डॉ. सत्येन्द्र तथा पं. विद्यानिवास मिश्र जैसे विद्वानों द्वारा दी गई परिभाषाएँ 'लोक' के अधिक निकट प्रतीत होती हैं। आचार्य हजारी प्रसाद द्विवेदी ने 'लोक' को परिभाषित करते हुए लिखा है—"लोक शब्द का अर्थ 'जनपद' या 'ग्राम' नहीं बल्कि नगरों और गाँवों में फैली हुई वह समूची जनता है जिसके व्यावहारिक ज्ञान का आधार पोथियाँ नहीं हैं।" डॉ. श्याम परमार ने अपने ग्रंथ 'भारतीय लोकसाहित्य' में लोक को परिभाषित करते हुए बताया है कि 'लोक' साधारण जन-समाज है, जिसमें भू-भाग पर फैले हुए समस्त प्रकार के मानव सम्मिलित हैं।" लोकसाहित्य के मर्मज्ञ डॉ. सत्येन्द्र ने 'लोक' के सम्बन्ध में अपना मत दिया है—"'लोक' मनुष्य समाज का वह वर्ग है जो आभिजात्य संस्कार, शास्त्रीयता और पांडित्य चेतना के अहंकार से शून्य है और जो एक परम्परा के प्रवाह में जीवित रहता है।" इस सम्बन्ध में लोकसाहित्य के प्रखर अध्येता पं. विद्यानिवास मिश्र का मत विशेष महत्त्वपूर्ण है। उनके अनुसार, "लोक में मनुष्य का समूह ही नहीं, सृष्टि के चर-अचर सभी सम्मिलित हैं—पशु-पक्षी, वृक्ष-नदी, पर्वत सब लोक है।" इसीलिए पं. विद्यानिवास मिश्र का मत है कि इन सबके साथ साझेदारी की भावना लोकदृष्टि है, इन सबको साथ लेकर चलना लोक-संग्रह है, इन सबके बीच जीना लोकयात्रा है, इन सबके आधार पर निर्णय लेना लोकायत निर्णय है तथा लोक में रहते हुए लोक के हित के लिए अपने को लोक से बाहर करके दूरगामी दृष्टि से कुछ सोचना और करना लोकोत्तर है।

लोक की विशेषताएँ

'लोक' के अर्थ, उसकी प्रयोग-परम्परा तथा स्वरूप को देखने से पता चलता है कि यह निरन्तर वर्तमान वास्तविकता है। इस दृष्टि से लोक देशकाल निरपेक्ष कोई वस्तु नहीं है। दुनिया में मानव समुदाय की जहाँ-जहाँ भी उपस्थिति रही है वहाँ-वहाँ लोक अनिवार्य रूप से निरन्तर विद्यमान रहा है। इतना अवश्य है कि हर जगह के लोक का स्वरूप एक नहीं रहा है। समानता के सूत्र अवश्य हैं, लेकिन पूरब के लोक और पश्चिम के लोक, वैदिक काल के लोक और आज के लोक में अन्तर है। यहाँ पर भारतीय लोक की विशेषताओं को केन्द्र में रखकर बात करना उचित होगा। इस दृष्टि से लोक अपनी मान्यताओं और विश्वासों में गतिशील होता है। इस गतिशीलता में प्रायः उद्वेग नहीं होता। इस कारण कभी-कभी तो इसके स्थिर होने का भ्रम भी होता है।

लोक की एक विशेषता यह भी दिखाई देती है कि वह परम्पराओं से जुड़ा होता है, लेकिन जकड़ा नहीं होता। वह नयेपन को स्वीकार करता है, लेकिन तभी जब उसे भरपूर ठोंक-बजा लेता है, अपने में उसकी ग्राह्यता बना लेता है। लोक के सम्बन्ध में एक महत्त्वपूर्ण बात यह भी है कि वह तर्क से उतना काम नहीं लेता जितना विश्वास से लेता है। ये विश्वास कभी-कभी इतने गहरे होते हैं कि अन्धविश्वास बन जाते हैं। इन अन्धविश्वासों पर चोट की परम्परा भी मिलती है।

भारतीय लोक की एक प्रमुख विशेषता है—सहभाव, अर्थात् साथ रहने का भाव, साथ चलने का भाव। इस सहभाव का सहायक ही लोक का नायक है और बाधक ही खलनायक है। लोक के सहभाव और साझेदारी की यह प्रवृत्ति केवल मनुष्य जगत के लिए ही नहीं है, बल्कि पशु-जगत, वनस्पति-जगत या जगत मात्र के लिए है। इसे कोहबर के चित्रों में सहजता से देखा जा सकता है। इसे उस निमंत्रण में भी देखा जा सकता है, जिसमें देवी-देवताओं और पुरखों को ही नहीं, अपितु आँधी-पानी, साँप-बिच्छू आदि सबको निमंत्रित किया जाता है। इस तरह लोक पूर्णता का आकांक्षी होता है। यही आकांक्षा विवाह में विभिन्न कृषि-प्रतीकों को शामिल करने के रूप में दिखाई देती है। इसी तरह लोक शास्त्र का पूरक होता है और उसे हमारे यहाँ प्रमाण माना गया है। यही नहीं भर्तृहरि ने तो उसी को धर्म माना है जो व्यवस्थित हो, अविच्छिन्न हो और लोक में प्रसिद्ध-प्रतिष्ठित हो। लोक की ये सभी विशेषताएँ उसके महत्त्व को स्पष्ट करती हैं।

लोकसाहित्य : परिभाषा, स्वरूप एवं क्षेत्र

(क) परिभाषा

'लोकसाहित्य' शब्द आज अध्येताओं और विद्वानों के बीच एक अत्यन्त महत्त्वपूर्ण एवं लोकप्रिय शब्द बन गया है। इस शब्द की उत्पत्ति अंग्रेजी के 'फोक लिटरेचर' (Folk Literature) शब्द से हुई है। यहाँ पर 'फोक' का पर्याय 'लोक' है और 'लिटरेचर' का पर्याय 'साहित्य' है। सामान्यत: लोक के साहित्य को 'लोकसाहित्य' कहा जाता है, लेकिन यह शब्द अपनी व्याप्ति एवं वैशिष्ट्य के कारण एक पारिभाषिक शब्द बन गया है। विभिन्न विद्वानों ने अपनी-अपनी दृष्टि से इसे परिभाषित करने का प्रयास किया है। डॉ. कृष्णदेव उपाध्याय ने लोकसाहित्य को परिभाषित करते हुए लिखा है—"सभ्यता के प्रभाव से दूर रहने वाली, अपनी सहजावस्था में वर्तमान जो निरक्षर जनता है उसकी आशा-निराशा,

जीवन-मरण, लाभ-हानि, सुख-दुख की व्यंजना जिस साहित्य में प्राप्त होती है, उसे लोकसाहित्य कहते हैं।" डॉ. सत्येन्द्र ने लोकसाहित्य को 'लोक-अभिव्यक्ति' के अर्थ में व्याख्यायित करते हुए स्पष्ट किया है कि उसमें वह समस्त बोली या भाषागत अभिव्यक्ति आती है जिसमें—(अ) आदिम मानस के अवशेष उपलब्ध हों, (ब) परम्परागत मौखिक क्रम से उपलब्ध बोली या भाषागत अभिव्यक्ति हो जिसे किसी की कृति न कहा जा सके, जिसे जनश्रुति ही माना जाता हो, और जो लोकसामान्य की प्रवृत्ति में समाई हुई हो, (स) कृतित्व हो, किन्तु वह लोक-मानस के सामान्य तत्त्वों से युक्त हो कि उसके किसी व्यक्तित्व के साथ सम्बद्ध रहते हुए भी, लोक उसे अपनी ही कृति स्वीकार करे। आचार्य हजारी प्रसाद द्विवेदी का मत है कि "जो चीजें लोकचित्त से सीधे उत्पन्न होकर सर्वसाधारण को आन्दोलित, चालित और प्रभावित करती हैं, वे ही लोकसाहित्य कही जा सकती हैं।" उनके अनुसार लोकचित्त जनता का चित्त है "जो परम्पराप्रथित और बौद्धिक विवेचनापरक शास्त्रों और उन पर की गई टीका-टिप्पणियों के साहित्य से अपरिचित होता है।" इन परिभाषाओं को दृष्टि में रखते हुए कहा जा सकता है कि लोकसाहित्य लोक समूह द्वारा स्वीकृत व्यक्ति की परम्परागत क्रम से प्राप्त वह वाणी है जिसमें लोकमानस संगृहीत रहता है।

(ख) स्वरूप

लोकसाहित्य के स्वरूप पर विचार करते हुए इसके कुछ सामान्य लक्षणों को देखा जा सकता है। लोकसाहित्य किसी व्यक्ति विशेष द्वारा रचित नहीं होता, उसके पीछे परम्परा होती है जिसका सम्बन्ध समाज से भिन्न नहीं है और उसकी अभिव्यक्ति सामूहिक होती है। इसका अर्थ यह नहीं है कि पूरा जनसमूह एक जगह बैठकर साथ-साथ रचता है। लोकसाहित्य की रचना लोक-समाज के व्यक्ति ही करते हैं, लेकिन वे समाज का प्रतिनिधि बनकर रचते हैं। डॉ. नामवर सिंह का कथन है—"यदि लोक समाज भावराशि है तो रचयिता व्यक्ति अभिव्यक्ति का माध्यम।" औद्योगिक समाज में रचा गया जन-साहित्य लोकसाहित्य से इसी सन्दर्भ में भिन्न है कि लोकसाहित्य का रचयिता व्यक्ति जन-समूह का माध्यम मात्र है, जबकि जन-साहित्य में रचने वाले का व्यक्तित्व अपनी विशिष्टता के साथ उपस्थित रहता है। माना गया है कि लोकसाहित्य जहाँ जनता के लिए जनता द्वारा ही रचित साहित्य है, वहाँ जन-साहित्य जनता के लिए व्यक्ति द्वारा रचित साहित्य है। प्रगतिशील आन्दोलन के दौर में अनेक कवियों ने लोकभाषाओं में राजनीतिक कविताएँ लिखीं, जो जनान्दोलनों में जनता के बीच

लोकप्रिय हो गईं, लेकिन उन्हें लोकसाहित्य नहीं, वरन् जन-साहित्य के भीतर ही रखा जाएगा।

लोकसाहित्य लोक समाज द्वारा स्वीकृत वह साहित्य माना जाता है, जो लम्बे समय से मौखिक परम्परा में चला आ रहा हो और उसमें लोकजीवन के आदर्श, रीति-रिवाज तथा भावनाएँ ही नहीं, बल्कि सम्पूर्ण लोकमानस संगृहीत हो। लोकसाहित्य के सम्बन्ध में एक गलत धारणा यह बनाई गई कि यह उनका साहित्य है, जो सभ्यता के दायरे से बाहर हैं और आदिवासी हैं। इसे कृषि सभ्यता से जुड़ा गँवई साहित्य भी कहा गया है। वास्तव में लोकसाहित्य लोक की आशाओं, आकांक्षाओं और पीड़ाओं का उसकी भाषा में रचा गया साहित्य है। यह उसके द्वारा व्यापक रूप से अपना लिया गया साहित्य है। इसका हर शब्द, शैली और भावना लोक की होती है।

लोकसाहित्य के स्वरूप पर विचार करते हुए लोकवार्ता से उसके सम्बन्धों को समझना भी आवश्यक है। इस सन्दर्भ में उल्लेखनीय है कि लोकवार्ता या फोकलोर का क्षेत्र बहुत विस्तृत है। इसके अन्तर्गत लोक कलाएँ, लोक अनुष्ठान, लोकमार्ग तथा लोकसाहित्य आते हैं। इस तरह लोकसाहित्य लोकवार्ता का एक अंग है। इसमें लोकवार्ता का कुछ भाग ही आता है।

(ग) क्षेत्र

लोकसाहित्य का क्षेत्र अत्यन्त विस्तृत है। आभिजात्य साहित्य यद्यपि आज लिपिबद्ध हो चुका है, लेकिन विशाल विश्व और उसकी परम्परा को देखते हुए थोड़ा और सीमित है। यह बात लोकसाहित्य के सम्बन्ध में नहीं है। इसके विस्तार की ऊपरी सीमा शिष्ट साहित्य का स्पर्श करती है और निचली सीमा आदिम जंगली अभिव्यक्तियों का स्पर्श करती है। इस दृष्टि से लोकसाहित्य व्यापक जनजीवन के सभी व्यापारों तक फैली हुई लोक संस्कृति का एक अत्यन्त महत्त्वपूर्ण आयाम है। इसीलिए लोकसाहित्य के अन्तर्गत जनता के गीत, कथाएँ, गाथाएँ आदि आती हैं। वास्तव में साधारण जनता जिन शब्दों में गाती है, रोती है, हँसती है, खेलती है, उन सबको लोकसाहित्य के अन्तर्गत रखा जा सकता है। लोकसाहित्य की व्यापकता मानव के जन्म से लेकर मृत्यु तक है। यह स्त्री-पुरुष-बच्चों, कृषकों-श्रमजीवियों, जवान तथा बूढ़े लोगों की सम्मिलित सम्पत्ति है। पारिवारिक, ऋतु सम्बन्धी, कृषि सम्बन्धी, श्रम सम्बन्धी गीतों के अतिरिक्त, राजनीतिक एवं राष्ट्रीय चेतना से परिपूर्ण गीत भी लोकसाहित्य के अन्तर्गत आते हैं। गाँव के बूढ़े लोग जाड़े में आग तापते समय कहानियाँ सुनाते हैं। दादी माँ छोटे बच्चों को सुलाने के लिए लोरियाँ गाती हैं,

छोटे बच्चे खेलते समय अनेक प्रकार के हास्यजनक गीत गाते हैं। भूत-प्रेत भगाने के लिए ओझा-गुनी 'पचरा' अर्थात् देवी गीत गाते हैं तथा गाँव के लोग अपने दैनिक व्यवहार में अनेक कहावतों एवं मुहावरों का प्रयोग करते हैं और लोक मनोरंजन के लिए नौटंकी, स्वाँग, लोकनृत्य, रामलीला, रासलीला आदि का आयोजन होता है। यह सब लोकसाहित्य के क्षेत्र विस्तार के अन्तर्गत आता है।

लोकसाहित्य का संकलन और अध्ययन

भारत में लोकसाहित्य के संकलन और अध्ययन की परम्परा का आरम्भ 19वीं शताब्दी में कुछ अंग्रेज बुद्धिजीवियों, अधिकारियों तथा ईसाई मिशनरियों द्वारा किया गया। वास्तव में 19वीं शताब्दी के आरम्भ में जब अंग्रेजी शासन की नींव हिन्दुस्तान में जम गई तब उन्होंने भारतीय संस्कृति के अध्ययन की ओर ध्यान देना आरम्भ किया। भारतीय लोकसाहित्य के अध्ययन का सूत्रपात करने वाले विद्वानों में कर्नल जेम्स टाड का नाम विशेष उल्लेखनीय है। उनके 1829 ई. में प्रकाशित ग्रन्थ 'ऐनल्स एंड ऐंटीक्विटीज ऑफ राजस्थान' में यद्यपि लोकगीतों और लोककथाओं का संग्रह नहीं है, लेकिन इस ग्रंथ के निर्माण में राजस्थान में प्रचलित लोकगाथाओं, वीर गाथाओं तथा चारणों द्वारा गाए गीतों से अत्यधिक सहायता मिली है। इसी तरह रेवरेंड एस. हिल्सप नामक पादरी ने मध्य प्रदेश की जंगली जातियों के सम्बन्ध में अनेक ज्ञातव्य विषयों का संग्रह किया था। आगे चलकर लोकसाहित्य के संकलन और अध्ययन की इस परम्परा को डाल्टन, जी.एच. डेमेंट, जार्ज ग्रियर्सन, विलियम क्रुक आदि ने आगे बढ़ाते हुए भारत की विभिन्न भाषाओं के लोकगीतों, लोककथाओं आदि का संकलन एवं विश्लेषण किया। उल्लेखनीय है कि विलियम क्रुक के ही निर्देश पर पं. रामगरीब चौबे ने उत्तर प्रदेश के लोकगीतों का संग्रह किया था।

भारतीय लोकसाहित्य के संकलन और अध्ययन के उपर्युक्त प्रयासों से लगभग 1920 तक प्रचुर सामग्री एकत्रित, सम्पादित और प्रकाशित हो चुकी थी, लेकिन अब तक का अधिकांश कार्य विदेशी विद्वानों द्वारा ही किया गया था। 1920 ई. के बाद भारतीय विद्वानों का ध्यान इस ओर जाता है और देश के अलग-अलग भागों में विभिन्न विद्वान इस दिशा में सक्रिय होते हैं। बंगाल में डॉ. दिनेशचन्द्र सेन, बिहार में रायबहादुर शरच्चन्द्र राय, उत्तर प्रदेश में पं. रामनरेश त्रिपाठी, गुजरात में झवेरचन्द्र मेघानी आदि ने लोकसाहित्य के संकलन, सम्पादन और अध्ययन में

अपना पूरा जीवन समर्पित कर दिया। राष्ट्रीय स्वाधीनता संग्राम के दौर में, विशेषत: सत्याग्रह आन्दोलन के बाद अध्येताओं और साहित्यकारों ने लोकसाहित्य पर विशेष ध्यान दिया। वास्तव में यह समय लोकसाहित्य के संकलन और अध्ययन की दृष्टि से दूसरा चरण कहा जा सकता है, जिसमें तीव्रता 1942 के बाद आती है। पं. रामनरेश त्रिपाठी ने भारत के विभिन्न प्रान्तों की अनेक वर्षों तक यात्रा करके कई हजार लोकगीतों का संकलन किया। 1929 में इन्होंने 'कविता कौमुदी' (भाग 5)—ग्रामगीत का प्रकाशन किया जिसमें उत्तर प्रदेश एवं पश्चिमी बिहार के लोकगीतों का संकलन है। इस क्षेत्र में देवेन्द्र सत्यार्थी का नाम भी अविस्मरणीय है। इन्होंने भारत, म्यांमार (बर्मा), श्रीलंका आदि देशों में घूम-घूमकर लोकगीतों का संग्रह किया। इन्होंने अपने जीवन के अमूल्य 20 वर्ष इस कार्य में लगाए तथा लगभग 3 लाख लोकगीतों का वृहद् संकलन किया। सत्यार्थी जी ने लोकसाहित्य सम्बन्धी लगभग एक दर्जन पुस्तकें लिखीं जिनमें 'बेला फूले आधी रात', 'धरती गाती है', 'बाजत आवे ढोल' तथा 'धीरे बहो गंगा' आदि प्रसिद्ध हैं।

डॉ. वासुदेवशरण अग्रवाल तथा पं. बनारसीदास चतुर्वेदी ने लोकसाहित्य के अध्ययन को बड़ी गति प्रदान की। 1944 में चतुर्वेदी जी की प्रेरणा से ओरछा राज्य की राजधानी टीकमगढ़ में 'लोकवार्ता परिषद्' की स्थापना हुई जिसका उद्देश्य लोकसाहित्य तथा लोक संस्कृति के विभिन्न अंगों का संकलन, सम्पादन तथा प्रकाशन था। इस परिषद् के तत्त्वावधान में 'लोकवार्ता' नामक त्रैमासिक पत्रिका भी श्री कृष्णानन्द गुप्त के सम्पादन में कुछ समय तक प्रकाशित हुई। चतुर्वेदी जी के ही प्रयासों से काशी में 1952 ई. में 'हिन्दी जातीय परिषद्' की स्थापना हुई, जहाँ से 'जनपद' नामक पत्रिका प्रकाशित होती थी। डॉ. वासुदेवशरण अग्रवाल ने लोकसाहित्य प्रेमियों को सदा प्रोत्साहित किया। इनके विशेष प्रयास से मथुरा में 'ब्रज-साहित्य-मंडल' की स्थापना हुई जहाँ से 'ब्रजभारती' का प्रकाशन हुआ। निश्चित रूप से अग्रवाल जी ने अपने प्रयासों से लोकसाहित्य के संकलन और अध्ययन कार्य को गम्भीर सांस्कृतिक परिप्रेक्ष्य प्रदान किया। राहुल सांकृत्यायन ने इस कार्य में व्यापक शोध और जनवादी दृष्टि का संचार किया। इसी तरह लोकसाहित्य के संकलन, अध्ययन और प्रोत्साहन की दिशा में जिन अन्य विद्वानों की विशेष महत्त्वपूर्ण भूमिका रही उनमें प्रभुदयाल मीतल, कृष्णानन्द गुप्त, पं. ब्रजमोहन व्यास, डॉ. सत्येन्द्र, डॉ. श्याम परमार, डॉ. कृष्णदेव उपाध्याय, पं. विद्यानिवास मिश्र आदि के नाम विशेष उल्लेखनीय हैं। इन सभी प्रयासों के परिणामस्वरूप आज विभिन्न भारतीय भाषाओं के लोकसाहित्य के साथ ही हिन्दी की राजस्थानी, भोजपुरी, ब्रज, अवधी, बुन्देलखंडी, छत्तीसगढ़ी, कौरवी आदि बोलियों का प्रचुर

लोकसाहित्य हमारे सामने उपलब्ध हुआ है। इस दिशा में आज भी मौलिक और महत्त्वपूर्ण कार्य हो रहे हैं।

लोकसाहित्य और लोक संस्कृति

लोकसाहित्य के विभिन्न पक्षों का अध्ययन करने के क्रम में इसके लोक संस्कृति से सम्बन्धों पर भी विचार करना आवश्यक है। कुछ विद्वानों ने अंग्रेजी भाषा के 'फोकलोर' शब्द का हिन्दी पर्याय 'लोकवार्ता' माना है और कुछ ने 'लोक संस्कृति' माना है। वैसे भी लोकवार्ता और लोक संस्कृति में पर्याप्त समानता मिलती है। इसलिए यहाँ पर लोक संस्कृति को लोकवार्ता के निकटवर्ती अर्थ में ग्रहण करना ही अभिप्रेत है। डॉ. कृष्णदेव उपाध्याय ने लोक संस्कृति का प्रयोग फोकलोर के अर्थ में किया है और बताया है कि जो अन्तर अंग्रेजी के फोकलोर और फोककल्चर शब्दों में है वही अन्तर लोक संस्कृति और लोकसाहित्य में समझना चाहिए। सामान्य रूप से लोक की मानसिक सम्पन्नता का परिचय जिन चीजों से मिलता है वे लोक संस्कृति के अन्तर्गत आती हैं। सोफिया बर्न ने फोकलोर के विषय को तीन श्रेणियों में विभाजित किया है—1. लोक विश्वास और अन्धपरम्पराएँ, 2. रीति-रिवाज एवं प्रथाएँ, 3. लोकसाहित्य। प्रथम श्रेणी के अन्तर्गत पृथ्वी तथा आकाश, वनस्पति जगत, पशु जगत, मानव, मनुष्य निर्मित वस्तु, आत्मा तथा परलोक, परामानवी व्यक्ति, शकुन, अपशकुन, भविष्यवाणी, आकाशवाणी, जादू-टोना आदि से सम्बन्धित लोक विश्वास और परम्पराएँ आती हैं। दूसरी श्रेणी में सामाजिक-राजनीतिक संस्थाएँ, व्यक्तिगत जीवन के अधिकार, व्यवसाय, उद्योग-धन्धे, व्रत-त्योहार आदि के सम्बन्ध में प्रचलित रीति-रिवाजों का समावेश है। तीसरी श्रेणी में लोकगीत, लोककथाएँ, कहावतें, पहेलियाँ, सूक्तियाँ, बच्चों के गीत, खेल के गीत आदि आते हैं।

लोक संस्कृति के इस स्वरूप को देखने से स्पष्ट होता है कि लोकसाहित्य लोक संस्कृति का एक अंश है। यदि लोक संस्कृति को विशाल वटवृक्ष कहा जाए तो लोकसाहित्य को उसकी एक शाखा समझना चाहिए। यदि लोक संस्कृति शरीर है तो लोकसाहित्य उसका एक अवयव है। लोक संस्कृति का क्षेत्र अत्यन्त व्यापक है तो लोकसाहित्य का क्षेत्र अपेक्षाकृत संकुचित है। लोक संस्कृति की व्यापकता, जनजीवन के समस्त व्यापारों में उपलब्ध होती है, परन्तु लोकसाहित्य जनता के गीतों, कथाओं, गाथाओं, नाटकों, मुहावरों तक सीमित है। इस तरह लोकसाहित्य अंग है तो लोक संस्कृति अंगी है।

लोकसाहित्य का वर्गीकरण

लोकसाहित्य का अध्ययन करने वाले विद्वानों ने उसके वर्गीकरण का प्रयास भी किया है। यह वर्गीकरण विभिन्न आधारों और दृष्टियों से किया गया है। पं. रामनरेश त्रिपाठी, पं. सूर्यकरण पारीक, श्री भास्कर रामचन्द्र भालेराव, डॉ. सत्येन्द्र, डॉ. कृष्णदेव उपाध्याय आदि विद्वानों द्वारा किए गए वर्गीकरण में पर्याप्त भिन्नता दिखाई देती है। सामान्य रूप से लोकसाहित्य का वर्गीकरण निम्नलिखित रूपों में किया जा सकता है—(i) लोकगीत, (ii) लोकगाथा, (iii) लोककथा, (iv) लोकनाट्य, (v) लोक सुभाषित।

(i) लोकगीत

लोकसाहित्य के अन्तर्गत लोकगीतों का प्रमुख स्थान है। जनजीवन में अपनी प्रमुखता तथा व्यापकता के कारण इनकी प्रधानता स्वाभाविक है। इन लोकगीतों से ही गीतों और गीतिकाव्यों का विकास होता है। पं. विद्यानिवास मिश्र का मत है कि ऐसे गीत जो लोक द्वारा लोक के लिए और लोक भाषा में हों उन्हें लोकगीत कहते हैं।

लोकगीतों की विशेषताओं के सम्बन्ध में उल्लेखनीय है कि लोकगीत लोक की रचना होते हैं, किसी व्यक्ति विशेष की नहीं। ये परिवर्तनशील होते हैं तथा इनका रचनाकाल ज्ञात नहीं होता। ये लोकगीत मौखिक परम्परा में चलते हैं तथा सामूहिक रूप से गेय होते हैं। इन लोकगीतों का वर्गीकरण अनेक रूपों में मिलता है। सामान्यत: इन्हें पाँच वर्गों में देखा जा सकता है—1. संस्कार गीत, 2. ऋतु गीत, 3. व्रत-त्योहार गीत, 4. श्रम गीत, 5. अन्य। इन वर्गों में प्राय: सभी प्रकार के गीतों का समावेश हो जाता है।

(ii) लोकगाथा

हिन्दी में 'लोकगाथा' शब्द अंग्रेजी के 'बैलेड' का पर्याय माना जाता है। 'बैलेड' के लिए यद्यपि हिन्दी में कथागीत, गीतकथा, पँवाड़ा जैसे शब्दों का प्रयोग भी मिलता है, लेकिन सर्वाधिक प्रचलित और उपयुक्त नाम 'लोकगाथा' ही माना गया है। बैलेड में गीत और कथा दोनों का योग होता है। 'गाथा' शब्द से भी गीत और कथा दोनों का बोध होता है। गाथा के साथ 'लोक' शब्द लगने से उसके तान्त्रिक-मौखिक परम्परा में होने का बोध होता है। सामान्यत: लोकगाथा लोकसाहित्य का वह रूप है जिसमें गीत और कथा दोनों का समन्वय होता है। लोकगाथा एक सुदीर्घ कथानक वाली ऐसी गेयात्मक रचना होती है जो एक तो मौखिक परम्परा

में प्रचलित होती है और दूसरे इसके रचनाकार और रचनाकाल दोनों का पता नहीं होता। इसकी कथा स्थानीयता के अनुरूप अपना स्वरूप बदलती है। इसलिए उसके मूल प्रामाणिक पाठ का अभाव होता है। इसी तरह इसमें संगीत तत्त्व की प्रमुखता होती है और टेक पदों की पुनरावृत्ति होती है। लोककथाओं के ऐतिहासिक कथानक पर आधारित होने पर भी उनमें ऐतिहासिकता सन्दिग्ध होती है, क्योंकि लोक ऐतिहासिक प्रमाणों की परवाह नहीं करता। उसके लिए दंत कथाएँ इतिहास से अधिक महत्त्वपूर्ण होती हैं।

अनेक विद्वानों ने विभिन्न आधारों पर लोकगाथाओं का वर्गीकरण किया है। कुछ विद्वानों ने आकार की दृष्टि से दो भेद किए हैं—1. लघु, 2. वृहद्। डॉ. कृष्णदेव उपाध्याय ने लोकगाथाओं का वर्गीकरण विषय के आधार पर किया है जो अधिक उपयुक्त माना गया है। उनके अनुसार लोकगाथाओं के तीन भेद माने जा सकते हैं—

(i) *प्रेमकथात्मक गाथाएँ*—जैसे कुसुमा देवी की कथा, बिहुला की कथा, शोभा नयका बनजरवा की कथा, ढोला मारू की कथा, हीर-रांझा की कथा, सोहिनी महिवाल की कथा आदि।

(ii) *वीरकथात्मक गाथाएँ*—जैसे आल्हा-ऊदल की कथा, लोरिकायन की कथा, विजयमल की कथा, वीर कुँवर सिंह की कथा आदि।

(iii) *रोमांचक गाथाएँ*—जैसे सोरठी की कथा आदि।

(iii) लोककथा

लोकसाहित्य के अध्ययन में लोककथाओं का स्थान अत्यन्त महत्त्वपूर्ण रहा है। व्यापकता और प्रचुरता की दृष्टि से इनका मूल्य अत्यधिक है। लोककथा को परिभाषित करते हुए 'हिन्दी साहित्य कोश' में लिखा है—"लोक में प्रचलित और परम्परा से चली आने वाली मूलतः मौखिक रूप में प्रचलित कहानियाँ लोक कहानियाँ कहलाती हैं।" इन लोक कहानियों के सम्बन्ध में विचार करने से पता चलता है कि भारत एक ऐसा देश है जहाँ अति प्राचीन काल से लोककथाएँ प्रचुर मात्रा में मौखिक रूप में प्रचलित रही हैं। इस दृष्टि से पंचतंत्र, हितोपदेश, वृहत्कथामंजरी, कथासरित्सागर, वैतालपंचविंशतिका, जातक कथाएँ आदि उल्लेखनीय हैं। इन लोककथाओं में भारतीय भू-भाग में निवास करने वाली आदिम जातियों से लेकर समय-समय पर बाहर से आने वाली विभिन्न जातियों के विश्वास, आचार-विचार, जीवन के हर्ष और विषाद, अन्धविश्वास, धार्मिक मान्यताएँ तथा जादू-टोना आदि विद्यमान हैं। इस तरह उनके जीवन की सम्पूर्ण झाँकी इन लोककथाओं में मिलती

है। विद्वानों का अनुमान है कि यहाँ की लोककथाओं से ही प्रभावित होकर अन्य देशवासियों ने कहानी या कथा रचना की ओर ध्यान दिया।

लोककथाओं के स्वरूप को देखने से पता चलता है कि इन लोककथाओं में लोकगाथाओं से अनेक समानताएँ होते हुए भी पर्याप्त भिन्नताएँ मिलती हैं। एक तो लोकगाथाओं का कथानक लम्बा होता है और लोककथाओं का छोटा होता है, दूसरे लोकगाथाएँ पद्य में गीतात्मक होती हैं, लेकिन लोककथा में ऐसा क़ुछ नहीं है। लोकगाथाएँ गाई जाती हैं, जबकि लोककथाएँ कही जाती हैं। इसी तरह लोकगाथाओं में नैतिकता और आदर्श का उतना ध्यान नहीं रखा जाता जितना लोककथाओं में रखा जाता है। लोककथाओं की विशेषताओं के अन्तर्गत यह भी उल्लेखनीय है कि अधिकांश लोककथाओं में प्रेम तत्त्व की प्रमुखता होती है, लेकिन उनमें मर्यादा का अभाव नहीं होता। इनका अन्त सुखद होता है और इनमें लोकमंगल का भाव प्रमुख होता है। इसी तरह इन लोककथाओं में रहस्य-रोमांच की प्रमुखता, उत्सुकता की भावना तथा वर्णन की प्रधानता होती है।

लोककथाओं के विभिन्न आधारों पर वर्गीकरण करने वाले विद्वानों में डॉ. कृष्णदेव उपाध्याय का विषय के आधार पर किया गया प्रस्तुत वर्गीकरण अधिक मान्य रहा है—(i) उपदेश कथा, (ii) व्रत कथा, (iii) प्रेम कथा, (iv) मनोरंजन कथा, (v) सामाजिक कथा, (vi) पौराणिक कथा। लोककथाओं के इन विभिन्न वर्गों के अन्तर्गत उपदेश कथाओं में पंचतंत्र, हितोपदेश जैसी कथाएँ, व्रत-कथाओं में सत्यनारायण कथा, गणेश कथा, करवा चौथ की कथा, जीवित्पुत्रिका कथा जैसी कथाएँ तथा पौराणिक कथाओं में सत्य हरिश्चन्द्र, नल-दमयंती, गोपीचन्द, राजा भरथरी, सारंगा-सदावृज की कथाएँ अधिक लोकप्रिय रही हैं।

(iv) लोकनाट्य

'लोकनाट्य' शब्द 'लोक' और 'नाट्य' शब्दों से मिलकर बना है। लोक की कृति जब नाट्य रूप में कथोपकथन द्वारा किसी कथा को प्रस्तुत करती है, तो उसे लोकनाट्य कहते हैं। इसके स्वरूप को सुन्दर बनाने में नृत्य, संगीत, अभिनय और वेश-भूषा का सहारा लिया जाता है। लोकनाट्य की विभिन्न विद्वानों द्वारा जो परिभाषाएँ की गई हैं, उनके आधार पर कहा जा सकता है कि 'लोकनाट्य लोकवार्ता का वह अभिन्न अंग है जिसमें लोकमानस की सहज स्वाभाविक अभिनयात्मक अभिव्यक्ति देखी जा सकती है जो शास्त्रीयता से दूर और लोक के लिए रचा जाता है।' भारत की विभिन्न भाषाओं में लोकसाहित्य के अन्य रूपों की भाँति ही लोकनाट्य का भी प्रचलन मिलता है। इस दृष्टि से देश के विभिन्न भागों में प्रचलित लोक भाषाओं में

जिन लोकनाट्यों का प्रमुखता से प्रचलन रहा है उनमें उत्तर भारत में 'रामलीला' और 'रासलीला', मालवा क्षेत्र में 'माच', गुजरात में 'भवई', बंगाल में 'जात्रा' और 'गम्भीरा', पश्चिमी उत्तर प्रदेश एवं हरियाणा में 'स्वाँग', 'भगत' एवं 'नौटंकी', दक्षिण भारत में 'यक्षगान', महाराष्ट्र में 'तमाशा', बिहार में 'बिदेसिया', कश्मीर में 'भाँड़' तथा मिथिला में 'कीर्तन' आदि विशेष उल्लेखनीय हैं।

लोकनाट्य की विशेषता उसके नाट्यधर्मी स्वरूप में निहित होती है। लोकजीवन से इसका घनिष्ठ सम्बन्ध होता है। यही कारण है कि लोक से सम्बन्धित उत्सवों, अवसरों तथा मांगलिक कार्यों के समय इसका अभिनय किया जाता है। इन लोक नाटकों की भाषा अत्यन्त सरल और सीधी होती है जिसे कोई अनपढ़ व्यक्ति भी आसानी से समझ सकता है। लोकनाट्यों की भाषा की एक विशेषता यह भी होती है कि जिस प्रदेश या क्षेत्र में इनका अभिनय होता है, अभिनेता प्राय: वहाँ की ही क्षेत्रीय बोली का प्रयोग करते हैं। इससे अभिनय समस्त जनता के लिए बोधगम्य हो जाता है। इन लोकनाटकों का प्रदर्शन प्राय: खुले रंगमंच पर होता रहा है।

लोक नाटकों का वर्गीकरण विभिन्न आधारों पर किया गया है। डॉ. बलदेव उपाध्याय ने लोक नाटकों के दो वर्ग किए हैं—(i) प्रहसनात्मक, (ii) नृत्यनाट्यात्मक। पहले वर्ग में आम जनता के अनुरंजन के लिए किसी ऐसी घटना को अभिनय का विषय बनाया जाता है जिससे सुन या देखकर दर्शक हँसी को रोक नहीं पाते। लखनऊ तथा बनारस के भाँड़ ऐसे प्रहसनों के अभिनय में अत्यन्त कुशल माने गए हैं। इन नाटकों में नृत्य का अभाव रहता है। नट अपनी वाणी तथा अभिनय की मुद्रा से जनता के हृदय में हास्य रस का संचार करते हैं। दूसरे प्रकार के लोकनाट्य वे हैं जो किसी सामाजिक या पौराणिक घटना को लेकर अभिनीत किए जाते हैं। इनमें नृत्य, गीत तथा अभिनय का समावेश होता है। भोजपुरी प्रदेश में प्रचलित 'बिदेसिया' इसका सुन्दर उदाहरण है।

(v) लोक सुभाषित

लोकसाहित्य के प्रमुख रूपों के अतिरिक्त कुछ छोटे-छोटे रूप भी प्राप्त होते हैं। इसके अन्तर्गत लोकोक्तियाँ, मुहावरे, पहेलियाँ, सूक्तियाँ, लोरियाँ, ढकोसले, शिशु खेल और गीत आदि आते हैं। डॉ. कृष्णदेव उपाध्याय ने इन सभी को मिलाकर 'लोक सुभाषित' नाम दिया है।

इन लोक सुभाषितों के स्वरूप और प्रयोग के सन्दर्भ में कहा जा सकता है कि ग्रामीण जनता द्वारा अपने दैनिक व्यवहार में लोकोक्तियों, मुहावरों, पहेलियों,

सूक्तियों आदि के प्रयोग से उसकी वचन-चातुरी का पता चलता है। लोकोक्तियों के प्रयोग से किसी उक्ति या कथन में शक्ति आ जाती है और श्रोताओं पर उसका गहरा प्रभाव पड़ता है। मुहावरों के द्वारा भाषा में चुस्ती आती है और उसमें एक नया आकर्षण एवं चमत्कार पैदा होता है। मनोरंजन के लिए पहेलियों का व्यवहार किया जाता है। बच्चे समूह में बैठकर एक दूसरे से पहेलियाँ पूछकर बुद्धि की परीक्षा लेते हैं। इसी तरह बच्चा जब छोटा होता है तो उसकी माँ या धाय उसे पालने में डालकर लोरियाँ गाती हैं। इन लोरियों का उद्देश्य मनोहर संगीत पैदा कर बच्चे को सुलाना होता है। बड़े होने पर बच्चे खेल खेलते समय अनेक प्रकार के गीत गाते हैं। जनता के जीवन में ये लोकोक्तियाँ, मुहावरे, सूक्तियाँ, पहेलियाँ आदि बिखरे पड़े हैं जिन्हें कई विद्वानों ने संगृहीत करने का उल्लेखनीय प्रयास किया है।

लोकसाहित्य का महत्त्व

लोकसाहित्य का किसी देश विशेष के जनजीवन के लिए अत्यधिक महत्त्व है। इस मौखिक साहित्य में धर्म, समाज तथा सदाचार सम्बन्धी अमूल्य सामग्री भरी हुई है। वास्तव में इसके अध्ययन से किसी देश विशेष के राष्ट्रीय जीवन का पूरा चित्र मिलता है। इसके साथ ही स्थानीय इतिहास, भूगोल तथा भाषा सम्बन्धी ज्ञान भी उपलब्ध होता है। इसलिए लोकसाहित्य का महत्त्व अभिजात-साहित्य से कहीं अधिक है। यही कारण है कि पश्चिमी देशों में इसके वैज्ञानिक अध्ययन के लिए कई संस्थाओं की स्थापना हुई है। भारत में भी अब तक इसके अध्ययन के लिए अनेक संस्थानों की स्थापना की जा चुकी है। लोकसाहित्य के महत्त्व का परिचय निम्नलिखित रूपों में प्राप्त किया जा सकता है—

(i) सामाजिक-सांस्कृतिक दृष्टि से

लोकसाहित्य के महत्त्व का एक प्रमुख आयाम लोक के सामाजिक-सांस्कृतिक जीवन का वास्तविक और स्वाभाविक परिचय प्राप्त होने की दृष्टि से है। वास्तव में यदि किसी मानव समुदाय के सामाजिक-सांस्कृतिक जीवन का वास्तविक चित्र देखना हो तो उसके लोकसाहित्य का अध्ययन करना चाहिए। लोक-कवि मानव समाज को जिस रूप में देखता है वह उसका उसी रूप में वर्णन करता है। इसलिए लोकगीतों, गाथाओं और कथाओं में अपने समय के मनुष्यों के रहन-सहन, आचार-विचार, खान-पान और रीति-रिवाज का सच्चा चित्र देखने को मिलता है।

लोकसाहित्य में प्राप्त होने वाला सामाजिक-सांस्कृतिक जीवन का यह वर्णन प्रेम, करुणा, वात्सल्य, ईर्ष्या, विरोध आदि अनेक प्रकार के भावों से युक्त है जिसका परिचय विभिन्न प्रकार के मानवीय सम्बन्धों एवं अवसरों पर प्राप्त होता है। लोकसाहित्य की यह मूल्यवान सामग्री निश्चित रूप से समाजशास्त्र के विद्यार्थियों के लिए विशेष रूप से लाभदायक है। उदाहरण के लिए भोजपुरी समाज में पुत्र के जन्म के अवसर पर थाली बजाने की प्रथा है। विवाह के अवसर पर परीछन, द्वारपूजा, गुरहथी, लावा मेराई, भाँवर, सुमंगली, कोहबर आदि प्रथाओं का उल्लेख मिलता है। इसी तरह देश के विभिन्न भागों में निवास करने वाली आदिम जातियों में प्रचुर सामाजिक-सांस्कृतिक प्रथाएँ विद्यमान हैं जिनका प्रामाणिक परिचय उनके लोकसाहित्य में पाया जाता है।

(ii) धार्मिक दृष्टि से

किसी जाति के धार्मिक जीवन का पता भी लोकसाहित्य से चलता है। लोकगीतों में गंगा माता, तुलसी माता, शीतला माता तथा षष्ठी माता का गायन हुआ है। गंगा जी में स्नान करने से तन-मन के पापों के धुलने की बात कही गई है। भजनों में संसार की अनित्यता, जीवन की क्षणभंगुरता तथा वैभव की निस्सारता का उल्लेख बार-बार हुआ है। ग्रामीण जनता द्वारा विभिन्न देवी-देवताओं की पूजा का वर्णन लोकगीतों में मिलता है। साथ ही बहुरा, पिड़िया, भइया दूज, जिउतिया आदि व्रत सम्बन्धी कथाएँ लोकजीवन के धार्मिक स्वरूप का परिचय देती हैं। वास्तव में लोकसाहित्य की नींव में धार्मिक विश्वासों एवं क्रियाकलापों की गहरी भूमिका रही है। धर्म ने भारतीय जीवन को इतनी गहराई से प्रभावित किया है कि यहाँ के प्रत्येक कार्य के पीछे धर्म की भावना कार्य करती दिखाई देती है।

(iii) नैतिक दृष्टि से

लोकसाहित्य का नैतिक दृष्टि से भी महत्त्व है। इसके अध्ययन से हमें नैतिक स्तर का पता चलता है। तत्कालीन मनुष्यों के चरित्र एवं आचार के साथ ही नारी के सतीत्व के आदर्श का जैसा परिचय लोकसाहित्य में मिलता है वैसा अन्यत्र मिलना कठिन है। इस दृष्टि से रानी पद्मिनी का जौहर, कुसुमा देवी का तालाब में डूबकर मर जाना, चन्दा देवी का खौलते तेल की कड़ाही में कूद जाना जैसे प्रसंग सतीत्व रक्षा के ज्वलन्त उदाहरण हैं। इसी तरह प्रत्येक व्यक्ति के नैतिक कर्तव्यों का रूप भी लोकसाहित्य में उपलब्ध होता है।

(iv) आर्थिक दृष्टि से

लोकसाहित्य में जनजीवन के आर्थिक पक्ष का परिचय भी प्रामाणिकता से मिलता है जिससे तत्कालीन जनता के जीवन की यथार्थ आर्थिक स्थिति और आकांक्षाओं का पता चलता है। 'सोने की थाली', 'चन्दन का पालना', 'छप्पन भोग', 'धानी चुनरिया', 'नौ लखा हार' जैसे प्रसंग जहाँ एक ओर देश के एक वर्ग की आर्थिक समृद्धि का परिचय देते हैं, भले ही यह वर्ग पूरी जनता का एक छोटा समूह रहा है, वहीं दूसरी ओर 'टूटी मड़इया', 'उजड़ल बँगलवा', 'महँगी के मारे बिरहा बिसरि गा' जैसे प्रयोग एक बड़े वर्ग के जीवन की आर्थिक बदहाली एवं निर्धनता का पता देते हैं। इसी तरह 'बनारसी साड़ी', 'मगहिया पान', 'आगरे का लहँगा', 'बरेली का झुमका' जैसे प्रयोग व्यापार एवं वाणिज्य की विशिष्टता और गतिशीलता का परिचय देते हैं।

(v) ऐतिहासिक दृष्टि से

लोकसाहित्य में देश के इतिहास से सम्बन्धित प्रचुर सामग्री प्राप्त होती है। वास्तव में किसी समय की सच्ची और लोक पर गहरा प्रभाव डालने वाली घटनाएँ धीरे-धीरे लोकगीतों और लोकगाथाओं के अन्तर्गत सुरक्षित रह जाती हैं। इनके माध्यम से किसी समय के इतिहास के अध्ययन में पर्याप्त सहायता मिलती है। कर्नल टाड ने राजस्थान के इतिहास लेखन में लोकसाहित्य को एक प्रमुख स्रोत के रूप में प्रयोग किया है। इसी तरह लोकसाहित्य के माध्यम से इतिहास की टूटी कड़ियों को जोड़ने में अत्यधिक सहायता मिलती है। आधुनिक काल में वीर कुँवर सिंह की वीरता पर अनेक लोकगीत मिलते हैं, आल्हा-ऊदल के वीरतापूर्ण चरित्र का वर्णन 'आल्ह खंड' में मिलता है। इसी तरह उत्तर भारत में गोपीचन्द की लोककथा को लम्बे समय तक अनैतिहासिक माना जाता था, लेकिन जार्ज ग्रियर्सन ने प्रबल प्रमाणों के आधार पर गोपीचन्द की ऐतिहासिकता को सिद्ध किया। इस तरह लोकसाहित्य में प्राप्त होने वाले स्रोतों का सावधानीपूर्वक अध्ययन करने से इतिहास के निर्माण में सहायता मिल सकती है।

(vi) भाषाशास्त्रीय दृष्टि से

भाषाशास्त्र की दृष्टि से लोकसाहित्य का अत्यधिक महत्त्व है। लोकसाहित्य के अध्ययन से शब्दों की ऐतिहासिक परम्परा को जाना जा सकता है। उदाहरण के लिए संस्कृत का 'जुगोप' एवं 'सुभगा' जैसे शब्द भोजपुरी में क्रमशः 'जुगवत' और 'सुहवा' के रूप

में विकसित हुए हैं। इसी तरह विभिन्न व्यवसायों से सम्बन्धित जातियों के बीच अनेक पारिभाषिक शब्द मिलते हैं जिसका पता लोकसाहित्य के अध्ययन से चलता है। यही नहीं लोकजीवन में प्रचलित लोकोक्तियाँ और मुहावरे तो भावाभिव्यक्ति को और भी प्रभावशाली बना देते हैं। लोकसाहित्य में प्रचलित कुछ शब्दों के पर्याय तो शिष्ट साहित्य में भी नहीं मिलते। उदाहरण के लिए 'बिराना' (मुँह चिढ़ाना), 'डाहना' (दुख देना), 'बराना' (चुनना) आदि शब्दों को लिया जा सकता है। इस तरह लोकगीतों, गाथाओं और कथाओं में विशाल शब्द-सम्पदा विद्यमान है जो भाषाशास्त्र के लिए मूल्यवान है। डॉ. ग्रियर्सन ने भोजपुरी लोकगीतों की महत्ता का प्रतिपादन करते हुए उसे शब्दों की खान बताया है।

(vii) शिष्ट साहित्य की दृष्टि से

लोकसाहित्य का महत्त्व शिष्ट साहित्य की दृष्टि से भी स्वीकार किया गया है। लोकसाहित्य में विद्यमान अनेक शब्द, चरित्र तथा कथाएँ शिष्ट साहित्य का आधार रहे हैं और उन्हें विशिष्ट रूप प्रदान करते हैं। इसीलिए आचार्य शुक्ल ने शिष्ट साहित्य के लिए लोकसाहित्य का महत्त्व स्वीकार करते हुए अपने महत्त्वपूर्ण ग्रंथ 'हिन्दी साहित्य का इतिहास' में लिखा है कि जब-जब शिष्टों का काव्य पंडितों द्वारा बँधकर निश्चेष्ट और संकुचित होगा, तब-तब उसे सामान्य जनता के बीच स्वच्छन्द बहती हुई प्राकृतिक भावधारा से जीवन तत्त्व प्राप्त होगा।

आचार्य शुक्ल के इस मत की सत्यता का पता तब चलता है जब हम देखते हैं कि हमारे अनेक श्रेष्ठ रचनाकारों ने इस तरह का प्रयास करके हिन्दी साहित्य को समृद्ध बनाया है। द्रष्टव्य है कि अमीर खुसरो से लेकर भारतेन्दु हरिश्चन्द्र तक के साहित्य में आख्यान, काव्यरूप, कथानक रूढ़ियाँ, लय-छंद, शिल्प-विधान के अनेक तत्त्वों का समावेश लोकसाहित्य के अक्षय भंडार से बराबर होता आया है। भक्ति काव्य के वैशिष्ट्य में लोकसाहित्य का भी पर्याप्त योगदान है। आधुनिक काल में भारतेन्दु हरिश्चन्द्र ने 'जातीय संगीत' शीर्षक अपने ऐतिहासिक लेख में कवियों का आह्वान किया है कि वे बाल विवाह, वृद्ध विवाह, तरह-तरह के भेदभावों और कुसंस्कारों के विरुद्ध तथा राष्ट्रीय एकता के पक्ष में होली, कजली आदि परम्परागत विधाओं में काव्य-रचना करें और उसे पुस्तिकाओं के रूप में छपाकर जनता में प्रचारित करें। आधुनिक युग में सामाजिक-राजनीतिक उद्‌देश्य से लोकसाहित्य की विधाओं के उपयोग की दिशा में उठाया गया यह पहला कदम था, जिसका विकास अपने उत्कृष्ट रूप में प्रगतिशील आन्दोलन में हुआ है, जब

केदारनाथ अग्रवाल, नागार्जुन, गोरख पांडेय जैसे कवियों ने प्रखर राजनीतिक कविताएँ लिखीं। इसी तरह लोकोक्तियों में जनता के जीवनानुभवों का मर्म संचित रहता है। इनका उपयोग कथा साहित्य एवं नाटकों में होता आया है। देखा जा सकता है कि तीज-व्रत की कथाएँ, पहेलियाँ, शिशु गीत और लोरिकायन या चनैनी जैसे आख्यान गीत तथा आल्हा-ऊदल की वीरता का अमर काव्य लोक में अब भी प्रचलित और लोकप्रिय है।

भोजपुरी और भोजपुरी लोकसाहित्य

प्रो. प्रकाश उदय

भोजपुरी : क्षेत्र और छवि

भोजपुरी बिहार, झारखंड और उत्तर प्रदेश के बात-व्यवहार की प्रमुख भाषाओं में से एक है। इस भाषा ने मध्य प्रदेश और छत्तीसगढ़ की सीमाओं में भी प्रवेश किया है और नेपाल की तराई का भी एक हिस्सा इसके भाषा-भूगोल में शामिल है। वैसे, एक श्रमशील और आजीविका के लिए कहीं से भी परहेज नहीं रखने वाली जाति की भाषा के नाते देश भर में और देश के बाहर भी कई दूसरे देशों—मॉरिशस, फिजी, सूरीनाम, गुयाना आदि में भोजपुरी की पहुँच और पैठ को महसूस किया जा सकता है। बेशक गुजराती, मराठी, तमिल आदि की तरह एक कोई पूरा प्रान्त भोजपुरी के भाषा-भूगोल में दर्ज नहीं है, इस तरह इसकी कोई प्रान्तीय पहचान नहीं है, लेकिन जितने जनपद इसके नाम हैं, उतने सम्भवत: देश की किसी दूसरी भाषा के नाम नहीं हैं। इस तरह भोजपुरी इस देश की सबसे बड़ी, एक हद तक राष्ट्रीय और अन्तरराष्ट्रीय छवि से सम्पन्न जनपदीय भाषा है।

आधुनिक भारतीय आर्यभाषाओं में भोजपुरी

भोजपुरी को ग्रियर्सन ने आधुनिक भारतीय आर्यभाषा की बाहरी उपशाखा के पूर्वी समुदाय के 'बिहारी' बोली-वर्ग में मैथिली और मगही के साथ रखा है। बिहारी की बोलियाँ, उनके अनुसार हिन्दी क्षेत्र के बाहर की हैं और बंगला, असमिया, उड़िया से उनकी नजदीकी है। ग्रियर्सन के पास अपनी मान्यताओं के पक्ष में पर्याप्त भाषावैज्ञानिक तर्क हैं, कई भाषावैज्ञानिकों की उनसे सहमति भी है, लेकिन असहमतियाँ भी पर्याप्त हैं और वे भी कुछ कम सतर्कता से दर्ज नहीं हैं। उदाहरण

के लिए, बिहार के बाहर भी भोजपुरी की सघन और विस्तृत उपस्थिति को देखते हुए 'बिहारी' नाम में इसका अँटना हो नहीं पाता। बिहारी के साथी बोली-वर्गों को लेकर भी मत-भिन्नता का एक सिलसिला-सा है। हार्नले और डॉ. सुनीति कुमार चटर्जी ने इसे पूर्वी हिन्दी, असमी, बंगला, उड़िया के साथ रखा, ग्रियर्सन ने पूर्वी हिन्दी को इससे अलग कर दिया, डॉ. धीरेन्द्र वर्मा ने पूर्वी ही नहीं, पश्चिमी हिन्दी और राजस्थानी को भी बिहारी के साथ रखते हुए असमी, बंगला और उड़िया को उससे अलग कर दिया। इस मतभेद से भिन्न एक व्यावहारिक सत्य यह भी है कि अपढ़ भोजपुरिया भी भाषा के मामले में दिल्ली और कलकत्ता दोनों को प्राय: एक जैसी सहूलियत से निभा लेता है। जाहिर है कि भोजपुरी का बहनापा उधर बंगला आदि से है, तो इधर हिन्दी आदि से भी। वैसे, भोजपुरी, मैथिली और मगही—इन तीनों को एक साथ रखने पर भी आपत्ति हुई है। डॉ. उदय नारायण तिवारी ने तीनों भाषाओं की आन्तरिक एकता की विस्तार से चर्चा की है, लेकिन वैसी एकता कमोवेश हिन्दी-परिवार की सभी भाषाओं में मिल जाती है। डॉ. सुनीति कुमार चटर्जी भोजपुरी को बाकी दोनों से इतना भिन्न पाते हैं कि इन्हें एक साथ रखना उचित नहीं मानते। डॉ. भोलानाथ तिवारी के बिहारी को पूर्वी और पश्चिमी में बाँटकर पश्चिमी बिहारी में अकेले भोजपुरी को रखने के प्रस्ताव में भी इसी भिन्नता के संकेत हैं। इन तीनों भाषाओं को एक साथ रखने का सबसे मजबूत आधार इनका एक ही 'मागधी' अपभ्रंश से सम्बद्ध होना है। लेकिन इसे लेकर भी सर्वानुमति नहीं है। भोजपुरी का सम्बन्ध मागधी के अलावा अर्धमागधी और शौरसेनी से भी पाया गया है, और भोजपुरी के विस्तृत भाषा-भूगोल और रूप-वैविध्य को देखते हुए यह विस्मय का विषय भी नहीं है।

भोजपुरी : नामकरण

'भोजपुरी' नामकरण के सम्बन्ध में भी अनेक मत हैं। स्थान-वाचक 'भोजपुर' की भाषा के रूप में भोजपुरी नाम बहुत स्पष्ट है। कहते हैं कि कभी भोजपुर राज्य अत्यंत प्रसिद्ध था, जिसके अवशेष के रूप में ही शायद, 'नयका भोजपुर', 'पुरनका भोजपुर' नाम से दो गाँव आज भी मौजूद हैं। पुराने शाहाबाद जिले के एक परगने के रूप में जाना गया भोजपुर अब एक स्वतंत्र जिला है। यह भी मानते हैं कि शिशुपाल, जरासंध और रुक्मी की बसाई 'भोजकट' नगरी ही बाद में भोजपुर नाम से जानी गई। भोजपुर का सम्बन्ध कुछ विद्वान मालवा के राजा भोजदेव से, कुछ गुर्जर प्रतिहार मिहिर भोज से जोड़ते हैं। एक मत यह भी है

कि विश्वामित्र के प्रतापी भोज यजमानों से भोजपुर और भोजपुरी नाम जुड़ा हुआ है। इस 'भोज' का उल्लेख वैदिक साहित्य में भी है और यह अनायास नहीं है कि वैदिक साहित्य की अनेक भाषिक और शिल्पगत विशेषताएँ भोजपुरी भाषा-साहित्य में अद्यावधि हैं।

भोजपुरी : भाषा या बोली

भोजपुरी के सन्दर्भ में, यह भाषा है या बोली, यह सवाल कुछ इस अन्दाज से उठाया जाता है, और फिर इसी अन्दाज से इसका जवाब भी दिया जाता है, गोया भाषा की तुलना में बोली होने में हेठी हो। भोजपुरी बेशक एक बोली है, इसलिए कि वह एक जीवित भाषा है, बोलचाल में है। कोई भी भाषा, अगर बोलचाल में नहीं है, तो जीवित नहीं है, तो बोली नहीं है। व्यवहार में भाषा का जुड़ाव 'भाषण' से जबकि बोली का 'संभाषण' से अधिक माना जाता है। एक समझ यह भी है कि भाषा होना विशेषतः लिखा-पढ़ी में होना है, लिखा-पढ़ी में विशेषतः होना है। यह भी जरूरी नहीं कि कोई भाषा आज की लिखा-पढ़ी में हो तभी भाषा कही जाएगी। पालि कभी लिखा-पढ़ी में थी, तो भाषा थी, और आज भी यह नहीं कहते कि भाषा नहीं है। वह बोलचाल में भी थी, तो बोली भी थी, लेकिन आज उसे आम तौर पर बोली नहीं कहते, आज वह बोलचाल में नहीं रह गई है, लेकिन भाषा वह आज भी है, क्योंकि उसमें जो लिखा-पढ़ा गया वह आज भी है। यह लिखा-पढ़ी भोजपुरी में, पहले भी थी, आज भी है, और यह बोलचाल, भोजपुरी में पहले भी था, आज भी है, तो वह भाषा थी, भाषा है, बोली थी, बोली है। यह जरूर है कि किसी भाषा की बोली वह न थी, न है। जिस बिहारी की वह बोली कही जाती है, वह भी; और जिस हिन्दी की बोली वह कही जाती है, वह भी; किसी भाषा का नाम नहीं है, एक भाषावैज्ञानिक नाम है, एक भाषा-परिवार का नाम है। भोजपुरी, मैथिली और अवधी आदि को जो खड़ी बोली हिन्दी की बोली समझने की भूल करते हैं उन्हें नहीं भूलना चाहिए कि जिस हिन्दी की ये बोलियाँ हैं, खुद खड़ी बोली हिन्दी भी उसी की एक बोली है।

भोजपुरी की बोलियाँ

बोली हमेशा किसी दिखती हुई भाषा का ही बोली-रूप हो, यह जरूरी नहीं है, हालाँकि कई बार एक ही भाषा के कई बोली-रूप हों यह सम्भव है। जैसे कि

भोजपुरी के हैं। चार की चर्चा तो ग्रियर्सन ने ही की है—उत्तरी, दक्षिणी, पश्चिमी और नगपुरिया। उत्तरी भोजपुरी के भी दो भेद किए जाते हैं—सरवरिया, गोरखपुरी। इसके अलावा थारू, मधेसी, बँगरही, बसारन बोली, खरवरिया, छपरहिया, सोनापारी, बनारसी आदि कई स्थानीय रूप हैं। राहुल सांकृत्यायन ने मल्लिका, काशिका जैसे नाम दिए। इधर बिना भोजपुरी के व्याकरण से निकले हिन्दी बोलने की प्रवृत्ति ने एक अन्य बोली-रूप 'हिन्दित भोजपुरी' या 'भोजपुरित हिन्दी' को भी जन्म दिया है। रेणु ने अपने कथा-साहित्य में 'कचराही' नाम से इसका उल्लेख किया है। मैथिली, मगही या विदेशों में फ्रेंच, अंग्रेजी आदि भाषाओं के साथ मिलने से भोजपुरी का जो रूप सामने आता है उसे रासबिहारी पांडेय ने 'मिश्रित भोजपुरी' नाम दिया है। भोजपुरी के इन विभिन्न रूपों की विभाजक विशेषताओं का अध्ययन-विश्लेषण, जितना चाहिए, उतना अभी हो नहीं पाया है। हो तो भोजपुरी के भाषावैज्ञानिक और व्याकरणिक अध्ययन के अब तक जो बहुतेरे और बहुविध प्रयत्न हुए हैं, उन्हें समग्रता और सम्पूर्णता मिल सकेगी। वैसे, भोजपुरी के विभिन्न जनपदों में आपसी आवाजाही, रिश्तेदारियाँ, और एक से दूसरे जनपद में जा बसने की स्थितियाँ भी इतनी ज्यादा हैं कि न सिर्फ एक ही जनपद में भोजपुरी के अनेक रूपों की अगल-बगल मौजूदगी है, बल्कि एक-दूसरे पर असर डालते हुए, नव्यतर भाषा-भंगिमाओं का सृजन भी अनवरत है। हालाँकि भोजपुरी के विभिन्न रूपों में, परस्पर बोधगम्यता के अभाव के सर्वथा अभाव के चलते, एक-दूसरे को आच्छादित कर लेने की न तो स्थिति है, न प्रवृत्ति।

भोजपुरी की बोलियों की कुछ विभाजक विशेषताएँ

भोजपुरी के हर रूप के पास, बोले जाने का अपना एक लहजा तो है ही। अपनी-अपनी भोजपुरी के साथ आरा, बलिया, छपरा, बनारस वगैरह के लोग अलग-अलग पहचान लिए जाते हैं। वैसे, लहजे का यह बदलाव जनपदीय सीमाओं से नहीं, नदी आदि जैसी किसी गहरी भौगोलिक रेखा के इस-उस पार से जुड़ा हुआ मामला है। स्वरों का इस्तेमाल, भोजपुरी के हर रूप में, हिन्दी की तुलना में अधिक है। 'अ', 'आ' के उच्चारण के मामले में भोजपुरी के अलग-अलग रूपों की अपनी-अपनी आदतें हैं। हिन्दी का 'चलो' भोजपुरी में आम तौर पर 'चलऽ' है, लेकिन बनारसी भोजपुरी में 'चला' है। बनारसी के इस 'चला' के 'ला' का 'आ' 'चलऽ' के 'ल' के 'अ' से दीर्घ है, लेकिन हिन्दी के '(वह) चला' के 'चला' के 'ला' के 'आ' से ह्रस्व है। आदर्श भोजपुरी के 'बाटे' आदि का एकार

बनारसी में ऐकार या ऐंकार होकर है—बाटै, बाटैं आदि। दीर्घ 'आ', 'ए', 'ओ' के साथ ही ह्रस्व 'आ', 'ए', 'ओ' का उपयोग भी भोजपुरी में इतना है कि कभी-कभी ह्रस्व के लिए किसी लिपि-चिह्न का न होना अखर जाता है। तीन की जगह एक ही 'स' का इस्तेमाल भोजपुरी के हर रूप में है, लेकिन लिखने में तीनों और बोलने में दोनों ('स' और 'श') का उपयोग भी भोजपुरी के हर रूप में धड़ल्ले से है। यही हाल संयुक्ताक्षरों के प्रति उदासीनता का भी है, हर भोजपुरी में वह है भी और नहीं भी है। न, म, र, ल के महाप्राण रूप—न्ह, म्ह, र्ह, ल्ह—का उपयोग (जैसे—कान्हा, पाम्ही, बर्हम, काल्ह आदि) भी भोजपुरी के पूरे भाषा-भूगोल में है।

भोजपुरी में संज्ञा के तीन रूपों की चर्चा की जाती है—सामान्य, दीर्घ और दीर्घतर, जैसे—बादर, बदरा और बदरवा और कभी-कभी 'बदरऊ' जैसा एक चौथा रूप भी दिख जाता है, लेकिन ऐसा नहीं है कि 'बदरा', 'बदरवा' या 'बदरऊ', 'बादर' शब्द के वैकल्पिक रूप मात्र हों। 'बादर' संज्ञा के ये रूप किन्हीं भाषिक अभिप्रायों—आत्मीयता, अत्यधिक आत्मीयता, निरादर, अत्यधिक निरादर, पूर्वपरिचय आदि को व्यक्त करते हैं। सर्वनामों में हिन्दी के 'आप' की जगह भोजपुरी में आम तौर पर आप ही है, लेकिन दक्षिणी भोजपुरी में, जिसे केन्द्रीय भोजपुरी भी कहते हैं, 'रउआ' या 'रउरा' जैसे विशिष्ट प्रयोग हैं। ब्रजभाषा और अवधी के कवियों को भी यह सर्वनाम बहुत प्रिय रहा है। सम्बन्ध कारक में इसके रूप 'राउर' से उन्होंने 'रावरे', 'रावरो' जैसे कुछ अन्य रूप भी विकसित किए हैं। 'रउआ' के ही रूप 'रों' को, विशेषतः महिलाएँ, वरिष्ठ महिलाओं के साथ बातचीत में सम्बोधन के 'जी' के अर्थ में इस्तेमाल करती हैं—कहत न रहीं रों... (कहती न थी जी...)। वैसे, वस्तुतः यह 'रों' सामान्य 'जी' से भिन्न 'हे आप' के अर्थ को व्यक्त करता है। 'हे मेरी तुम' की तरह ही यह 'हे मेरी आप' जैसा एक विशिष्ट प्रयोग है। सर्वनाम हिन्दी में पुरुषवाची या स्त्रीवाची नहीं हैं, उभयवाची हैं, लेकिन भोजपुरी में 'रों' न सिर्फ स्त्री के लिए है, बल्कि स्त्री की तरफ से भी है। भोजपुरी में 'मैं' की जगह सामान्यतः 'हम' है, लेकिन 'मैं' वाले कुछ रूप भी खास स्थितियों में चलते हैं, खासतौर पर गीतों में। "सुतल 'में' रहलीं, सपन एक देखलीं" में आया हुआ 'में' मैं के लिए है। 'मोरा पिछवरवा चनन केरि गछिया' में जो 'मोरा' है उसे सामान्य बोलचाल में सामान्य रूप से 'हमरा' ही कहेंगे, 'हमरा पिछुअरवा' लेकिन इस गीत में 'मोरा' है, तो है। सम्बन्ध की विभक्ति के रूप में इस गीत में आए 'केरि' और इसके अन्य रूप 'केर', 'केरा' आदि भी बहुधा गीतों में ही हैं, उसके बाहर कहीं-कहीं हैं, कभी-कभी हैं। पता नहीं दूसरी

भाषाओं में ऐसा है कि नहीं, लेकिन भोजपुरी लोकगीतों में कुछ भाषिक प्रयोग ऐसे हैं, जो उनके बाहर बिलकुल नहीं है। जैसे 'बाबा' लोकगीतों में पिता के लिए आता है, जबकि बाहर वह अनिवार्य रूप से पिता के पिता के लिए है। इसी तरह पं. हरिराम द्विवेदी के एक गीत में है कि 'मइँ बउरहिया न जनलों...'। सामान्य बोलचाल में यह 'मइँ' नहीं है, 'हम' ही है। बलिया में 'मैं' से मिलते-जुलते एक रूप 'मो' का तकिया कलाम-जैसा एक प्रयोग भी मिलता है—'मो को'—अर्थ है 'मैंने कहा'। प्राणिवाचक शब्दों को स्त्रीलिंग-पुंलिंग में बाँटकर बरतने की प्रवृत्ति भोजपुरी की अपनी नहीं है, हालाँकि हिन्दी और हिन्दी के जरिए पढ़-लिखकर आए लोगों के साथ वह कुछ-न-कुछ आई भी है, लाई भी गई है। उच्चारण हिन्दी के व्यंजनान्त शब्द भोजपुरी के इस्तेमाल में भी धीरे-धीरे व्यंजनान्त होने लगे हैं, जैसे 'आग', 'राख' आदि। लेकिन भोजपुरी के विभिन्न रूपों में उनकी मौजूदगी स्वरान्त 'आगि', 'राखि' और यहाँ तक कि 'आगी', 'राखी' आदि के रूप में भी है। ऐसे शब्दों को स्वरान्त रखने के लिए गोरखपुर की भोजपुरी में ह्रस्व 'ए' का प्रयोग भी है—'बापे के बात माने के चाहीं' (बाप की बात माननी चाहिए)। इस 'बापे' के 'ए' के दीर्घ होने पर इस वाक्य का मतलब होगा कि 'बाप की ही बात माननी चाहिए'।

सहायक क्रियाओं—हूँ (मैं), हो (तुम), है (वह)—के लिए—बानीं, बाड़ऽ, बाड़े या बाड़न—की जगह—बाटीं, बाटऽ, बाटैं या बाटन—के साथ ही—हई/हईं/हइलाँ, हउअ, हउअन/हउए/हउएँ—जैसे प्रयोगों के साथ बनारस की भोजपुरी का बेशक एक अपना अन्दाज है। आरा-छपरा के साथ आदर्श भोजपुरी के इलाके में शामिल बलिया की भोजपुरी का एक अलग रंग क्रिया-रूपों में झलकता है। उदाहरण के लिए—आया-गया (मैं), आए-गए (तुम), आया-गया (वह)—के लिए—अइलीं-गइलीं, अइलऽ-गइलऽ, अइले-गइले—की जगह—अउईं-गउईं, अटअ-गउअ, अउअन-गउअन। वाक्य-विधान भोजपुरी के प्राय: सभी रूपों में एक जैसा है, लेकिन कहीं-कहीं कुछ विशिष्टताएँ भी दिख जाती हैं। उदाहरण के लिए, भोजपुरी में, आदर देना हो तो आम तौर पर मध्यम पुरुष के साथ क्रिया के उसी रूप को रखते हैं जिसका प्रयोग उत्तम पुरुष के साथ करते हैं, अपने लिए करते हैं। 'हम आइब' (मैं आऊँगा) का 'आइब' ही 'रउआ आइब' (आप आइएगा) के साथ है। लेकिन बनारसी भोजपुरी में इसके लिए उत्तम पुरुष के बजाय अन्य पुरुष वाले क्रिया-रूपों का व्यवहार होता है। 'आप अइहें/अइहन' (आप आइएगा) का 'अइहें/अइहन' वही है जो ऊ/ओन अइहें/अइहन' (वे आएँगे) में है। 'तू कहेगा', 'तू कहेगी' दोनों के लिए आदर्श कही जाने वाली भोजपुरी में

'तें कहबे' है, काशिका में दोनों के लिए अलग-अलग 'तें कहबे', 'तें कहबी' है। 'तें' के लिए 'तैं' और 'कहबे' के लिए 'कहबै' भी सुना जा सकता है। 'ऊ कहलन' (उसने/उन्होंने कहा) का 'कहलन' संक्षिप्त होकर दक्षिणी भोजपुरी में 'कहले' है, पश्चिमी में 'कहने' या 'कहनै' है। 'कहले' का स्त्री-रूप 'कहली' है, 'कहनै' का 'कहनी' है, लेकिन 'कहलन' का स्त्री-रूप 'कहलिन' पश्चिमी भोजपुरी में तो है, दक्षिणी में नहीं है। इसके उलट, '(तुमने) कहा' के 'कहा' के लिए भोजपुरी के निरादरार्थक 'कहलस' का स्त्री-रूप 'कहलिस' दक्षिणी भोजपुरी में तो है, पश्चिमी में नहीं है, उसमें स्त्री-पुरुष दोनों के लिए सामान्य 'कहलस', निरादर से कहना हो तो 'कहलेस' है। मिर्जापुर के, लेकिन काशी में आ बसे महाकवि चन्द्रशेखर मिश्र के 'द्रौपदी' खंडकाव्य के कई छंदों में जुए के दाव पर धर दी गई द्रौपदी का वर्णन है। ऐसे हर छंद की अन्तिम पंक्ति है, 'द्रौपदी जुआरिन के दाव पर बा धरी'। होना और धरना—इन दो क्रियाओं में से लिंग-द्योतन यहाँ 'धरना' के जिम्मे है, भोजपुरी के अन्य रूपों में यह 'होना' के जिम्मे हुआ करता है। भोजपुरी के अधिकांश रूपों में सामान्य क्रियापद बनाने के लिए धातु के साथ 'ल' प्रत्यय का प्रयोग होता है, जिससे 'पढ़ल', 'लिखल' जैसे रूप सिद्ध होते हैं, लेकिन काशिका में 'ब' प्रत्यय के प्रयोग से 'पढ़ब', 'लिखब' जैसे रूप सिद्ध किए जाते हैं। जिसे 'रोजमर्रा' कहते हैं, जैसे मोटा-मोटी, बाता-बाती, पारा-पारी आदि, उन्हें काशिका में मोटी-मोटा, बाती-बाता, पारी-पारा आदि कहने का चलन है।

इस तरह, अपने विभिन्न रूपों के चलते भोजपुरी एक विकल्प-सम्पन्न भाषा है, हालाँकि इसके चलते इसके मानक रूप के न बन पाने की कठिनाई भी महसूस की जाती है। इस दिशा में काम करने वाले प्राय: सभी विद्वानों ने माना है कि भोजपुरी का मानक रूप उसमें लिखते-पढ़ते ही बनेगा, किसी विद्वत्प्रयास से हो सकने वाला कार्य यह नहीं है। यहाँ, उदाहरण के लिए, विकल्प-बहुलता के कुछ उदाहरण प्रस्तुत हैं। एक 'जाइब' (जाऊँगा) को ही लें तो भोजपुरी भाषा-भूगोल में इसके कई-कई रूप सुनने को मिल जाएँगे—जाइब, जाइम, जाएब, जाएम, जाउब, जाऽब (और 'न' के साथ 'नज्जाब' भी), जाब्ला आदि। 'जात बाड़न' (जाता है या जा रहा है) के लिए—जात बारन, जात बाटन, जात बालन, जात बावन, जा ताड़न, जा तारन, जात बाड़े, जात बारे, जात बाटैं, जात बालैं, जात बावैं, जात हवन, जात हउअन, जात हउऐं—जैसे कई-कई विकल्प मौजूद हैं। बहुवचन बनाने के लिए एक विकल्प संज्ञा-सर्वनाम में कुछ जोड़ने का है, तो दूसरा, क्रिया में कुछ जोड़ने का भी है और तीसरा दोनों में कुछ-कुछ जोड़ लेने

का भी है। 'लड़के जाते हैं' के लिए—'लइका लोग/सब जाता' है, तो 'लइका जात बाड़े जा/स/सन' भी है, और 'लइका लोग/सब जात बाड़े जा/स/सन' भी है। जाहिर है कि भोजपुरी के विभिन्न रूपों की विभाजक विशेषताओं पर विधिवत बातचीत के लिए उच्चस्तरीय भाषावैज्ञानिक अध्ययन की, भाषिक संरचना के विभिन्न स्तरों से सम्बन्धित विभिन्न विकल्पों के संचयन की एक महत्त्वाकांक्षी योजना की अपेक्षा बनी हुई है।

भोजपुरी की लिपि

भोजपुरी पहले कैथी लिपि में लिखी जाती थी। सम्भवत: कायस्थ जाति के प्रयोग में अधिक आने के चलते यह लिपि कैथी कहलाई। बिहारी में गिनी जाने वाली तीनों भाषाओं मगही, मैथिली और भोजपुरी के लिए इस लिपि का प्रयोग होता था। ग्रियर्सन ने तीनों के लिए प्रयुक्त कैथी लिपि में कुछ भिन्नता भी पाई थी। वे बताते हैं कि तिरहुत (मैथिली क्षेत्र) की कैथी के अक्षर सबसे सुन्दर, भोजपुरी के सबसे सुपाठ्य और मगही क्षेत्र के सामान्य होते हैं। प्रारम्भिक काल में भोजपुरी किताबें कैथी लिपि में ही छपती थीं। इस लिपि में संयुक्ताक्षर लिखने का कोई तरीका नहीं था। तीन की जगह एक ही 'स' का प्रयोग होता था। बाद में भोजपुरी लेखन-मुद्रण के लिए कैथी की जगह नागरी लिपि ने ले ली।

भोजपुरी साहित्य

भोजपुरी का परिचय देते हुए 'इसमें लिखित साहित्य का अभाव है' जैसी टिप्पणी देने की एक प्रथा-सी रही है। कई बार ऐसी टिप्पणियों का आधार यह होता है कि भोजपुरी क्षेत्र के बड़े साहित्यकारों ने प्राय: अपनी रचना-भाषा के रूप में खड़ी बोली हिन्दी का इस्तेमाल किया है, न कि भोजपुरी का। यह एक हद तक सही है, लेकिन इसके साथ यह भी सही है कि ऐसी टिप्पणी करने वालों की अपनी मानसिकता भोजपुरी में रचने वालों को बड़ा रचनाकार नहीं मानने की ही रही है। एक तो रचना-भाषा के रूप में भोजपुरी का इस्तेमाल भी समानान्तर रूप से निरन्तर होता रहा है, दूसरे कई रचनाकार हिन्दी-भोजपुरी दोनों में रचनाशील रहे हैं, और तीसरे जिन भोजपुरियों ने खड़ी बोली हिन्दी में लिखा है, उनमें से अधिकांश ने खड़ी बोली हिन्दी 'में' भी भोजपुरी 'को' ही लिखा है और कह सकते हैं कि भोजपुरी इलाके के खड़ी बोली हिन्दी लेखन को अगर कभी पठनीयता के संकट

ने छुआ है, तो तभी जब उसने हिन्दी में खड़ी बोली हिन्दी को ही लिखने की जिद ठानी है। इसे छोड़ भी दें, केवल भोजपुरी में ही भोजपुरी के लिखे गए को ध्यान में रखें, तब भी भोजपुरी में लिखित साहित्य न कम है, न कमतर है। यह जरूर है कि भोजपुरी का वाचिक साहित्य—लोकगीत, लोककथा, लोकगाथा, लोकनाट्य, लोकोक्ति और बुझौवल आदि के रूप में—इतना अधिक है कि उसकी तुलना में लिखित साहित्य किसी-किसी को कम लगने लगता है। बहुधा तो उसका लिखित या व्यक्ति-साहित्य, व्यक्ति-रचित साहित्य भी प्रकाशन आदि के अभाव में वाचिक या लोकसाहित्य में शामिल कर लिया जाता रहा है। भोजपुरी की विशाल वाचिक साहित्य-सम्पदा को कुछ विद्वानों ने अथक परिश्रम से समेटने और संरक्षित कर लेने की कोशिश जरूर की है लेकिन उसका एक बड़ा हिस्सा अब भी असंकलित एवं अप्रकाशित है और उससे भी बड़ा हिस्सा, दुर्भाग्यपूर्ण यह है कि सभ्यता की अंधी दौड़ और निजभाषा के प्रति हमारी नितान्त उपेक्षा से विस्मृति के गर्त में चला गया है। कमोबेश यही दशा भोजपुरी के व्यक्ति-साहित्य की भी है। भोजपुरी इलाके का शायद ही ऐसा कोई गाँव-नगर हो जिसने भोजपुरी के कुछ समर्थ रचनाकार न दिए हों, लेकिन उनकी रचनाएँ अधिकांशतः, भोजपुरी के किसी अपने प्रकाशन, किसी सरकारी सहयोग, किसी प्रोत्साहन के अभाव और उससे भी ज्यादा अपनी भाषा और साहित्य को कुछ फुटहा-फुटकरिया समझने के हमारे भाव के चलते प्रकाशित नहीं हो पाईं। उल्लेखनीय है कि राहुल सांकृत्यायन जैसे ख्यातनाम लेखक तक के आठ भोजपुरी नाटकों में से तीन अभी तक नहीं मिले हैं, जबकि यह कोई सुदूर अतीत की बात भी नहीं है। ऐसे में दूसरे रचनाकारों की दूसरी-दूसरी रचनाओं के साथ क्या कुछ और कितना कुछ हुआ हो सकता है, इसकी कल्पना तो की ही जा सकती है। रचनाएँ प्रकाशित हुईं भी तो उनकी कोई वितरण-व्यवस्था नहीं बनी और उनका कोई व्यावसायिक पक्ष नहीं बना। मुगलों और अंग्रेजों के कहर का सतत शिकार रही और शासन-प्रशासन की तरफ से अद्यावधि उपेक्षा की मार झेलती भोजपुरी जनता से भोजपुरी साहित्य का कोई व्यावसायिक सम्बन्ध बने भी तो कैसे! अपने प्रतिरोधी तेवर के चलते सत्ता की तरफ से सदा साँसत में रखे गए भोजपुरियों के साथ भोजपुरी कविताएँ, कहानियाँ घर-बाहर सर्वत्र रहीं, उनकी जिजीविषा बचाए रहीं, उनके जीवन-संघर्ष को उन्होंने बल दिया और इसे अपने को बचाए रखने से ज्यादा जरूरी समझा। लेकिन इसके बावजूद भोजपुरी का जो-जैसा-जितना लिखित साहित्य हमारे सामने है उस-वैसे-उतने में भी सुधी समीक्षकों, शोधार्थियों, साहित्येतिहासकारों आदि की एक विशाल खेप की खपत सम्भव है।

भोजपुरी साहित्य पर विमर्श के सन्दर्भ में तैयारी के तौर पर कुछ महत्त्वपूर्ण बातें ध्यान में रखने की हैं। उदाहरण के लिए यह कि भोजपुरी उस तरह साहित्य की भाषा कभी रही भी नहीं है, और है भी नहीं, जिस तरह कभी ब्रजभाषा थी या आज खड़ी बोली हिन्दी है। साहित्य-भाषा के रूप में अपने भाषा-भूगोल के बाहर जाकर सम्प्रेषण-कला की अतिरिक्त बारीकियाँ वह नहीं बटोर सकी है। साहित्य को भोजपुरी ने अपने भाषा-भूगोल के भीतर ही अरजा और सिरजा है। वह लिखने की भाषा अगर है तो उन्हीं के जिनके बोलने-बरतने की भाषा भी वह है। इस तरह भोजपुरी साहित्य को समझने के नपने एकदम से वही नहीं हो सकते जो ब्रजभाषा-साहित्य के लिए बने थे या हिन्दी साहित्य के लिए बने हैं।

इसी तरह यह कि भोजपुरी कविता की जैसे और जैसी एक अपनी पहचान है; वैसे ही और वैसी ही भोजपुरी गद्य की भी नहीं बन पाई है, वह बन जरूर रही है। वस्तुत: हिन्दी-हित में निजभाषा के उपेक्षा-काल में भी, कविता में भोजपुरी अविच्छिन्न रूप से बनी रही, जबकि गद्य का हमारा लगभग समूचा अभ्यास हिन्दी विद्या के भीतर हुआ है। यह सुविधाजनक भी था क्योंकि रचने के लिए अपने बोलने-बतियाने की भाषा से रसान्तर्य जो चाहिए, दूरी, साधु दूरी, वह जितनी सुविधा से एक भोजपुरी-भाषी को हिन्दी में रचते हुए हासिल है, उतनी सुविधा से भोजपुरी में नहीं। खड़ी बोली हिन्दी उसकी बोलचाल की भाषा से है ही अलग, उसे अलग होना नहीं है, करना नहीं है। भोजपुरी लिखने के लिए उसे उसके बोले जाने वाले स्वरूप और स्वभाव से कुछ अलग करना पड़ता है, 'अलगाना' पड़ता है, जो मुश्किल से ही होता है, और अक्सर नहीं भी हो पाता। ऐसी, भोजपुरी-जैसी मुँहजोर-मुँहचढ़ी भाषा को करबद्ध, कलमबद्ध करना आसान नहीं है और उससे भी कठिन है इस कनसटी भाषा से आँख मिलाना। यह कठिनाई कविता के साथ नहीं है क्योंकि रसान्तर्य हासिल करने के उपाय उसे अपनी विधा के भीतर ही छंद, तुक, लय आदि के रूप में हासिल हैं और उसे पढ़ने-सुनने का हमारा एक घना अभ्यास रहा है। इस तरह यह मानकर चलने लायक है कि काव्य के क्षेत्र में भोजपुरी जहाँ है, गद्य के क्षेत्र में अभी उसे वहाँ पहुँचना है। कहानी, उपन्यास, निबंध, समीक्षा आदि को लिखने-पढ़ने के हमारे हिन्दी अभ्यास के बावजूद इन्हें अगर भोजपुरी में भी लिखा-पढ़ा जाता है तो इसके तुक और तर्क की तलाश भी भोजपुरी रचनाकारों की एक अलग से जिम्मेदारी बन जाती है। बड़ी बात है कि इस जिम्मेदारी को निभाते हुए भी, गिनते न बने, इतने कृतिकार हैं, कृतियाँ हैं, जिन्होंने भोजपुरी गद्य को एक अपनी पहचान दिलाई है।

ध्यान देने की एक बात यह भी है कि हिन्दी की हित-चिन्ता ने, कथित हिन्दी प्रदेश की बघेली-ब्रजभाषादिक तमाम मातृभाषाओं को ओट देते हुए हिन्दी की एक जो राष्ट्रीय के बजाय प्रादेशिक छवि रच दी गई है उसे तोड़ने के उत्साह ने, सम्प्रति, भोजपुरियों को अपने भाषा-साहित्य के प्रति कुछ अधिक आग्रही भले बना दिया हो, एक जरूरत के तौर पर, अपने मूल स्वभाव में ऐसे आग्रही वे हैं नहीं। होते तो मॉरिशस की आजादी का नेतृत्व जिस भोजपुरी ने किया, वह आज वहाँ क्रियोल-कचटित अवस्था में न होती। ब्रजभाषा के दिनों में ब्रजभाषा और खड़ी बोली हिन्दी के दिनों में खड़ी बोली हिन्दी को साहित्य-भाषा के तौर पर भोजपुरियों ने अकुंठ भाव से अपनाया, लेकिन यह भी सच है कि अवधी के तुलसी, ब्रजभाषा के सूर और मैथिली के विद्यापति के नाम-छाप वाली भोजपुरी कविताएँ भी भोजपुरी इलाके में अथोर हैं। दरअसल, गोरखनाथ और कबीर के समय से ही कुछ ऐसा है कि हमारे कवियों का ध्यान बाकायदा कविता होने पर जितना रहा है, उसके बाकायदा भोजपुरी में होने पर उतना नहीं। बाकायदा कविता होने का मतलब भी उनके लिए अक्सर कायदे से हटकर होना रहा है। यह एक साहित्य-ऐतिहासिक तथ्य है कि भोजपुरी साहित्य के ज्ञात इतिहास के शुरुआती कवियों गोरख-कबीर आदि की कविताई के भोजपुरी में होने से पहले उनके कविता होने पर ही सन्देह किया गया। अच्छा हो कि ऐसे सन्देहों को दूर करने के प्रयत्नों के बजाय इनके निहितार्थों से भी भोजपुरी साहित्य की समझ के सूत्र तलाशे जाएँ।

समकालीन भोजपुरी साहित्य, विशेषतः उसकी गद्य-विधाओं पर कोई बातचीत समकालीन हिन्दी साहित्य से नितान्त हटकर सम्भव नहीं है। ऐसी कोई कोशिश करेंगे तो वही गलती दुहराएँगे जो हिन्दी साहित्य के सुधी समीक्षक आधुनिक काल की शुरुआत के साथ ही करते आ रहे हैं। वे हिन्दी परिवार की पूरबी, पश्चिमी, राजस्थानी, बिहारी, पहाड़ी—तमाम हिन्दियों की तरफ से आँख मूँदकर केवल एक खड़ी बोली हिन्दी के सृजन-संसार की चर्चा करते हैं और समझते हैं कि बस इतनी ही हिन्दी की दुनिया है। उन्हें हिन्दी की दुनिया इतनी बड़ी करनी थी कि देश भर के भाषा-साहित्य की समाई उसमें हो सके, उन्होंने इसके उलट, और छोटी कर दी। लेकिन यह विमर्श का एक अलग विषय है। हिन्दी को खर्च करने में कंजूसी को जो 'हिन्दी को बचाना' कहते हैं, भोजपुरी या किसी भाषा को, बचे रहने के लिए, वैसे बचाए जाने से बचना ही बनता है। यह जान लेने में, और मान लेने में भी, किसी की कोई हेठी नहीं है कि जिस तरह कविता की भाषा के रूप में अपने को प्रमाणित करने के लिए, अपनी पढ़वाई के साथ

अपनी सुनवाई भी अर्जित करने के लिए खड़ी बोली हिन्दी ने भोजपुरी से, और तमाम लोक-लगी भाषाओं से बहुत कुछ सीखा है, उसी तरह भोजपुरी ने भी अपनी पढ़वाई कमाने के लिए हिन्दी से बहुत कुछ, और बहुविध, लिया भी है, पाया भी है। बेशक इसके बहुत बउराह उदाहरण भी मिल जाएँगे, सिर्फ क्रियापद बदलकर हिन्दी को ही भोजपुरी में उतार लेने तक के, लेकिन इसके बहुत सुतरे और सुथरे उदाहरण भी कम नहीं। कहानी, उपन्यास, नाटक, निबंध, रेखाचित्र, संस्मरण, यात्रावृत्त, रिपोर्ताज—हर क्षेत्र में कुछ ऐसे नाम मिल जाएँगे जो हिन्दी में नहीं कहे जा पा रहे को भोजपुरी में कहने की कोशिश में हैं। सिर्फ भोजपुरी में लिखने के लिए भोजपुरी में लिखते रहने का उत्साह-अतिरेक धीरे-धीरे मन्द पड़ने लगा है और पत्र-पत्रिकाओं के माध्यम से भोजपुरी गद्य का नित नई ऊँचाइयों को छूना दिखने लगा है।

गौरतलब यह भी है कि हिन्दी साहित्य में प्रवृत्तियों का जैसा द्रुत परिवर्तन आम तौर पर दिखता या दिखाया जाता है, भोजपुरी में उसकी गुंजाइश बहुत कम है। भोजपुरी जैसी लोक-लगी भाषाओं के साहित्य में परिवर्तन की लहर एक तो पहुँचते-पहुँचते पहुँचती है, और दूसरे पहुँच पाने के काबिल होती है, तभी पहुँचती है। वैसे कुछ हड़बड़िए इधर भी मिल ही जाएँगे, लेकिन भोजपुरी का मूल स्वभाव किसी भी नई प्रवृत्ति को जगह देने के पहले उसे ठीक से ठोक-ठेठा लेने का है। यह भी है कि भोजपुरी साहित्य में अक्सर एक प्रवृत्ति दूसरी को हटाकर नहीं, पटाकर आती है। अनायास नहीं है कि भोजपुरी में साहित्यकारों की ही नहीं, साहित्य की भी अनेक पीढ़ियाँ एक साथ सक्रिय दिखती हैं।

कविता और गद्य की श्रव्य, दृश्य, पाठ्य सभी विधाओं में भोजपुरी रचनाकार लगातार सक्रिय हैं, बिना अपेक्षित पुरस्कार-प्रोत्साहन, सरकारी सहयोग, प्रकाशन और वितरण-व्यवस्था के—यह बड़ी बात है। बड़ी बात है कि भोजपुरी साहित्य अब पीठ-थपथपाऊ के बजाय कड़ी कसौटियों वाली समीक्षा की अपेक्षा रखने लगा है और भोजपुरी के कुछ युवा समीक्षक इस अपेक्षा को पूरा करते हुए भी नजर आने लगे हैं। बड़ी बात है कि भोजपुरी साहित्य से हमारी उम्मीदें निरन्तर बढ़ती और बड़ी होती जा रही हैं। ठीक है कि भोजपुरी के जिस विश्वव्यापी बाजार की पहचान सिनेमा और कैसेट-कम्पनियों ने की है, उसका उन्होंने दुरुपयोग ही अधिक किया है, भोजपुरी गीत-संगीत को तो एक तरह से अश्लीलता और भदेसपन का पर्याय ही बना दिया है, भोजपुरी सिनेमा अक्सर रचनात्मक दरिद्रता के उदाहरण बन गए हैं, लेकिन धीरे-धीरे इसके विरुद्ध एक वातावरण बनने और तनने लगा है, लोकप्रियता को वस्तु और शिल्प दोनों स्तरों पर अपने लोक और लोकसाहित्य

की अभिव्यक्ति-कला से अर्जित करने की दिशा में कई-कई कदम एक साथ पड़ने और बढ़ने लगे हैं। बड़ी बात है कि यह सब कुछ भोजपुरी भूगोल के जनपदों में ही नहीं, उसके बाहर भी चल रहा है, देश भर में, और देश की सीमाओं को लाँघते हुए भी, मॉरिशस में, सूरीनाम में...और और भी जहाँ-जहाँ भोजपुरिए ले जाए गए, और गए, और जाते जा रहे हैं, वहाँ-वहाँ।

भोजपुरी का वाचिक साहित्य

भोजपुरी का लोकसाहित्य लोकगीत, लोककथा, लोकगाथा, लोकनाट्य, लोकोक्ति, बुझौवल आदि के अलावा भी कुछ रूपों में मौजूद है। कुछ विद्वानों को लगता है कि भोजपुरी के पास लोकसाहित्य ही है, लिखित साहित्य नहीं है या बहुत कम है। वास्तव में भोजपुरी लोकसाहित्य का जो विशाल भंडार है उसके पीछे खड़े होकर देखने पर अस्वाभाविक नहीं है कि भोजपुरी का लिखित साहित्य विशद, वैविध्यपूर्ण और निरन्तरता में होने के बावजूद किसी-किसी को न दिखे। यह तब है जब इस लोकसाहित्य का एक बड़ा हिस्सा विलुप्त है, विलुप्तप्राय है, संकलित नहीं है और जो संकलित भी है, प्रायः व्यक्तिगत प्रयत्नों से ही, उसका भी एक बड़ा हिस्सा पांडुलिपियों के रूप में ही है, प्रकाशित नहीं है। फिर भी, लिखित-मुद्रित-ध्वन्यंकित-दृश्यांकित-जिस किसी रूप में, भोजपुरी लोकसाहित्य का जितना कुछ संरक्षित है और जितना कुछ जीवित है, गतिशील है—वह इस लोक की रचनात्मक सामर्थ्य का जीवन्त दस्तावेज है।

भोजपुरी लोकगीत

लोकसाहित्य के जिस रूप से भोजपुरी लोक का हर घर जुड़ा हुआ है वह है लोकगीत। भोजपुरी के लोकगीत कई तरह से, कई तरह के हैं। कुछ ऐसे गीत हैं जिन्हें स्त्रियाँ ही गाती हैं, जैसे—सोहर, झूमर, जँतसार आदि, तो कुछ ऐसे भी गीत हैं जिन्हें पुरुष ही गाते हैं जैसे—फाग, चइता आदि। बारहमासा, चइती, फगुई आदि स्त्रियाँ भी गाती हैं, पुरुष भी। स्त्री-पुरुष मिलकर गाएँ ऐसे गीत या तो भोजपुरी के आदिवासी इलाकों में हैं या पँवरियों वगैरह की उन टोलियों के पास, जिनकी रोजी का जरिया गाना है। लोकनाट्यों में भी युगल गीतों के समायोजन की परम्परा रही है। निर्गुन, भजन, संझा-पराती वगैरह को बड़े-बूढ़ों का गीत कह सकते हैं, बच्चों के पास कुछ नितान्त अपने खेल-गीत हैं, तमाम तरह की तुकबन्दियाँ हैं। लोरी,

बच्चों 'के' नहीं, 'बच्चों के लिए' हैं। इन लोरियों में कुछ ऐसी भी हैं जिनका पाठ बच्चे की माँ के मायके में कुछ और होता है, ससुराल में कुछ और। जवान जो चाहें सो गाएँ के साथ एक अवधारणा यह भी है कि उन्हें चाहिए कि वे सबके लिए गाएँ। अपने लिए शृंगार के गीतों को, तो बड़े-बूढ़ों के लिए भजन-निर्गुन को भी स्वर दें। भोजपुरी लोकगीतों में कुछ बैठकर ही गाए जाते हैं, जैसे संझा-पराती, तो कुछ झूमते-नाचते जैसे—झूमर, खेलवना। फाग और चइता की शुरुआत बैठकी से होती है, गायकी की उठान के साथ गायकों का अपना उठना भी घटित होता जाता है—ठेहुनियाने से लेकर खड़े हो जाने तक। फागुन में गाए जाने वाले पुरुष गाली-गीत चलते हुए ही गाए जाते हैं, विवाह आदि में जेवनार के समय गाए जाने वाले स्त्री गाली-गीत समापन तक पहुँचते-पहुँचते सुनने वालों को दौड़ा-दौड़ाकर गाए जाने का अहसास कराते हैं। और फिर काम करते हुए गाए जाने वाले गीतों की तो श्रमगीत के रूप में भोजपुरी के पास एक अलग कोटि ही है। अकेले गाए जाने वाले भोजपुरी गीतों में बारहमासा जैसे कुछ गीतों के नाम ले सकते हैं, अधिकांश गीत सामूहिक रूप से ही गाए जाते हैं।

भोजपुरी के पास एक बड़ा भंडार संस्कार गीतों का है, जिसमें जन्म से लेकर मुंडन, विवाह आदि से होते हुए मृत्यु तक के विभिन्न संस्कारों के अलग-अलग गीत हैं। सोहर का सम्बन्ध सन्तानोत्पत्ति के उछाह से तो है ही, सन्तान के अभाव के क्लेश, सन्तान की इच्छा, इच्छापूर्ति के उपाय, पुंसवन, गर्भ के लक्षण, पहले से लेकर अन्तिम महीने तक गर्भिणी के शारीरिक-मानसिक परिवर्तनों, विशिष्टताओं के आकलन और सन्तान-सुख में सबको साझीदार बनाने के प्रयत्न—इन सबसे है। विवाह-गीतों में हल्दी, चुमावन, मटकोर, इमली-घोंटाई, कन्यादान, सिन्दूर-दान, विदाई आदि हर रस्म के अलग-अलग गीत हैं। कुछ गीत बेटे के विवाह के अलग, बेटी के विवाह के अलग हैं।

ऋतुगीत भी भोजपुरी में कई तरह के हैं। बारहमासे हैं, दो-दो महीनों में छह ऋतुओं को समेटते हुए छमासे हैं, गर्मी, बरसात और जाड़ा—इन तीन स्पष्ट ऋतुओं पर आधारित कुछ अलग तरह के गीत हैं। बारहमासे आम तौर पर बरसात में गाए जाते हैं। कजरी सावन के गीत हैं, आम तौर पर बाग-बगीचे में, झूले पर, झूलते-झुलाते गाए जाते हैं। बनारसी और मिर्जापुरी कजरी के अलग-अलग रंग हैं। फागुन में गाए जाने वाले गीतों के भी फाग, फगुई, कबीरा, जोगीड़ा आदि कई प्रकार हैं। चैत महीने में गाए जाने वाले चइता भी स्थान-भेद से अलग-अलग तरह के होते हैं। चइता एकबन्दी (एकबन्द का) भी होते हैं, जिन्हें झलकूट कहते हैं और बहुबन्दी भी। चैती इनसे भिन्न तरह के गीत हैं, चइता-गायन में मेहनत ज्यादा लगती है,

चैती-गायन में गायकी की कला को अधिक जगह मिल जाती है। अनायास नहीं है कि चैती शास्त्रीय गायकों को भी उतनी ही प्रिय है।

श्रमगीत वे हैं जो काम करते हुए गाए जाते हैं। जैसे—जँतसार, रोपनी के गीत, सोहनी के गीत, कटिया के गीत आदि। जिन्हें जातिगत कहते हैं, वे प्राय: श्रमशील जातियों के ही गीत हैं, वे भी श्रमगीत ही हैं—धोबी गीत, मलाह गीत, कहार गीत आदि मूलत: कपड़ा धोते समय, नाव खेते समय, पालकी ढोते समय गाए जाने वाले गीत हैं। इसका मतलब यह नहीं कि श्रमगीत काम से सुस्ताते हुए नहीं गाए जाते। जँतसार अलबत्ता जाँता चलाते समय ही गाए जाते हैं। जाँते में पीसने हेतु लिए गए अन्न की मात्रा के आधार पर जँतसार गीत छोटे या बड़े-एकसेरही, दुसेरही या पसेरही होते हैं—कुछ विद्वानों की ऐसी मान्यता है। यादव जाति से जुड़ा बिरहा चरवाही, गाड़ीवानी के साथ विकसित हुआ, लेकिन बिरहा-दंगल के विराट आयोजनों से होते हुए उसने अपना एक मंच पा लिया है। जनेऊ आम तौर पर विप्रवर्ग में प्रचलित संस्कार है, कोई चाहे तो जनेऊ के गीतों को ऐसे जाति गीतों में शामिल कर सकता है जो मूलत: श्रमगीत नहीं है। वैसे, विवाह संस्कार में विभिन्न कामों को सँपराते हुए महिलाएँ जो गाती हैं वे भी एक तरह से श्रमगीत ही हैं।

व्रत गीत विभिन्न व्रतों—छठ, पिड़िया, गोधन आदि से जुड़े हैं। कुछ व्रतकथाएँ भी लम्बे गीतों के रूप में हैं। जिउतिया का कथागीत वृत्तगंधी गद्य का अद्‌भुत नमूना है। देवी का पचरा, शीतला माँ के गीत भोजपुरी इलाके के अतिशय प्रिय गीत हैं और इन्हें प्राय: हर शुभकार्य के श्रीगणेश के रूप में गाया जाता है। वैसे, भोजपुरी के पास हर तरह के गीत-प्रकार में एक समहुती (शुभारम्भी) रचना मिल जाती है। कोई सुमिरन की कजरी है, कोई सुमिरन का फाग है और उसी के साथ कजरी या फाग गाने की शुरुआत की जाती है।

भोजपुरी लोकगीतों को अनेक आधारों पर अनेक तरह से बाँटकर देखा जा सकता है। ऐसा भी नहीं है कि लोकगीतों की परम्परा समाप्त हो चुकी है, नये लोकगीत नहीं आ रहे हैं। यह जरूर है कि अब उनमें से ज्यादातर फिल्मी धुनों पर आधारित हैं, उनमें बातें भी बहुत कुछ फिल्मी टाइप की ही हैं, लेकिन इसके मूल्यवान अपवाद भी उन्हीं में हैं।

भोजपुरी लोककथा

भोजपुरी लोककथा की परम्परा भी उतनी ही लम्बी, उतनी ही वैविध्यपूर्ण है। इन्हें

कहने वाले दादा-नाना, दादियाँ-नानियाँ घर-घर में हैं। ये छोटी भी हैं, बड़ी भी। बच्चों के लिए अलग तरह की कहानियाँ हैं, बड़ों के लिए अलग तरह की। हर गाँव में कुछ सिद्ध कथक्कड़ों के होने की भी परम्परा रही है जिनमें से कुछ के पास तो रात-रात भर और कभी-कभी कई-कई रातों तक चलने वाली कहानियाँ हुआ करती हैं। ये कहानियाँ प्राय: सुखान्त होती हैं और इनके लिए असम्भव कुछ भी नहीं होता। प्राय: हर कहानी किसी-न-किसी संघर्ष को बयान करती है और कहानियाँ एक-दूसरे से भी संघर्ष करती हैं, एक के कथ्य के पलटकथ्य को कोई दूसरी कहानी कहती है।

छोटी-बड़ी लोककथाओं के अलावा, भोजपुरी के पास छोटी-छोटी कथुलियों का भी एक बड़ा भंडार है। ये कथुलियाँ छोटे-छोटे रोचक कथा-प्रसंगों, कथा-स्थितियों की तरह हैं जिन्हें आम तौर पर लतीफों की तरह, नजीर की तरह कहा-सुना जाता है और कई बार तो ये किसी कहावत तक पहुँचने की राह बनाती हैं, कहावतों को राह देती हैं। जीवन के जाने कितने खट्टे-मीठे अनुभव, जीने के लिए बेहद जरूरी जाने कितनी बातें, विचार ये कथुलियाँ बहुत हल्के-फुल्के ढंग से कह दिया करती हैं।

भोजपुरी लोकगाथा

लोकगाथाएँ भोजपुरी क्षेत्र में जन-मनोरंजन का महत्त्वपूर्ण स्रोत रही हैं। इन लोकप्रिय लोकगाथाओं में से आल्हा, लोरिकी (लोरिकायन), विजयमल (कुँवर विजई) और वीर कुँवर सिंह वीरकथात्मक है, शोभानायक बनजारा प्रेमकथात्मक है, सोरठी और बिहुला (बाला लखन्दर) रोमांच कथात्मक तथा राजा भरथरी और राजा गोपीचन्द योग कथात्मक हैं।

आल्हा-ऊदल की असाधारण वीरता का बयान करने वाली 'आल्हा' मूलत: बुन्देली लोकगाथा है, लेकिन जिस भोजपुरी जाति को ग्रियर्सन ने लाठी की धनी जाति के रूप में पहचाना, स्वाभाविक है कि उनके बीच यह लोकगाथा कहीं अधिक लोकप्रिय हो। बरसात का मौसम इसके गायन के लिए अधिक उपयुक्त माना जाता है। ढोल पर, कभी-कभी पंक्तियों को द्रुतगति से बोलते हुए स्वर को ऊँचा-नीचा करते हुए एक ही, कभी-कभी दो गायक मिलकर भी इसे गाते हैं। नेटुआ बंजारे आल्हा के सिद्ध गायक माने जाते हैं।

'लोरिकी' अहीरों का जातीय काव्य माना जाता है। यह दुष्ट-दलन के लिए प्रतिश्रुत वीर लोरिक देव के प्रेम और संघर्ष की गाथा है। इसे प्राय: एक ही गाता है,

ढोल का इस्तेमाल कथनांत में थाप मारने भर के लिए होता है, कभी-कभी माहौल को ऊर्जस्वित करने के लिए भी। पंक्तियाँ प्रायः अतुकान्त हैं, गायन स्वर-निर्भर होता है। एक हाथ कान पर रखकर दूसरा ऊपर उठाकर 'अरे' की पुकार के साथ इस गाथा-गायन की शुरुआत की जाती है।

'विजयमल' प्रेम और प्रतिशोध पर आधारित गाथा है। इसे मुख्य रूप से तेली और नेटुआ जाति के लोग गाते हैं। गाथा-नायक विजयमल खुद भी तेली जाति के बताए जाते हैं। इसे भी भावानुसार स्वर के उतार-चढ़ाव के साथ द्रुतगति से गाया जाता है। प्रत्येक पंक्ति का आरम्भ 'रामा' तथा अन्त 'रे ना' की टेक के साथ होता है। 1857 के प्रथम स्वतंत्रता संग्राम के नायक वीर कुँवर सिंह के जीवन चरित्र पर आधारित लोकगाथा 'बाबू कुँवर सिंह' के गायन का भी यही ढंग है। इसे प्रायः दो लोग मिलकर खँजड़ी और टुनटुनी जैसे वाद्ययंत्रों के साथ गाते हैं। 'रामा' और 'रे ना' की टेक इसमें भी रहती है। सिर्फ और सिर्फ प्रेम पर आधारित, भोजपुरी की एकमात्र लोकगाथा 'शोभानयका बनजारा' है। इसमें दसवन्ती और शोभानायक के आदर्श प्रेम-दाम्पत्य के निर्वाह की कथा है। नायक-नायिका किसी ऊँची जाति के नहीं हैं, यह भी इस लोकगाथा का एक उल्लेखनीय पक्ष है। इसे भी प्रायः दो गायक मिलकर गाते हैं। 'ए रामा' या 'रामा' और 'रे ना' की टेक इसमें भी मौजूद है। सोरठी और बिहुला भी वैसे तो प्रेम-प्रधान लोकगाथाएँ ही हैं, लेकिन इनमें अधिक उल्लेखनीय है रोमांचक तत्त्वों का प्रयोग—देवी, देवता, भूत, प्रेत, जादू, मंत्र, टोना, उड़ते घोड़े, बोलते पेड़ वगैरह। सोरठी में नायक वृजाभार सोरठी को पाने के लिए तमाम कठिनाइयाँ झेलता है जबकि बिहुला में नायिका बिहुला अपने पति के पुनर्जीवन के लिए तमाम तरह की बाधाओं को पार करती दिखती है। सोरठी तरीके से तेरह रातों में पूरी होने वाली लोकगाथा है। इसकी एक अपनी प्यारी-सी धुन है जिसके साथ गायक दूसरी तरह के लोकगीतों को भी मिलाते चलते हैं। प्रत्येक पंक्ति का प्रारम्भ 'एकियाहोरामा' और अन्त 'रेनुकी' से होता है। बिहुला प्रायः दो लोग एक साथ गाते हैं। सोरठी और बिहुला दोनों के गायन में खँजड़ी और टुनटुनी जैसे वाद्ययंत्रों का प्रयोग होता है। 'बिहुला' गाथा की करुणा उसके गायन के स्वर में भी उतरती है। पंक्तियों का प्रारम्भ 'ए राम' से होता है, अन्त में एक पंक्ति में 'रे ना' और दूसरी पंक्ति में 'दइबा' आता है।

'राजा भरथरी' और 'राजा गोपीचन्द' योगकथात्मक लोकगाथाएँ हैं। पहली में अपनी पत्नी सामदेई को छोड़कर राजा भरथरी के और दूसरी में अपनी माँ मैनावती की आज्ञा से गोपीचन्द के वैराग्य ग्रहण करने की कथा है। इनमें नाथपंथी मान्यताओं और विश्वासों को विशेष जगह मिली है। इन्हें जोगी जाति के लोग गाते

हैं और ये गाथाएँ प्रकारान्तर से उनके जीविकोपार्जन का भी साधन बनती हैं। इन्हें सारंगी पर अत्यंत करुण स्वर में गाया जाता है। इस सारंगी का भी एक खास नाम है—गोपीचन्दी। ये लोकगाथाएँ संवाद-प्रधान हैं और ये संवाद खास तरह से स्वर को चढ़ाकर गाए जाते हैं।

भोजपुरी लोकनाट्य

भोजपुरी का लोकमंच कई तरह के नृत्य-नाटकों से समृद्ध है। इनमें जातीय नृत्य-नाटकों में 'गोंड़ऊ' नाच और 'भाँड़' हास्य-प्रसंगों और कथित अश्लीलता के लिए विशेष रूप से जाने जाते हैं। 'गोंड़ऊ' में उद्धत नृत्य की प्रधानता होती है, 'भाँड़' में नकल की। अहीरों का नाच 'फरी' के नाम से जाना जाता है। चमरऊ नृत्य बाँसुरी और चमरउआ बाजे के साथ प्रस्तुत किया जाता है। धोबी-नृत्य, नट-नृत्य, पँवारिया नृत्य आदि कई तरह के नृत्य नाटक भोजपुरी समाज में प्रचलित रहे हैं। बेशक अब इनमें से कुछ समाप्तप्राय हैं और कुछ ने एक व्यावसायिक रूप धारण कर लिया है।

कुछ ऐसे नाटक भी हैं जिनमें सिर्फ स्त्रियाँ भाग लेती हैं—प्रस्तोता और दर्शक दोनों रूपों में। इनमें 'डोमकच' (जलुआ, नकटा) विवाह के लिए बारात विदा करने के बाद, बेटे वाले के घर में रात में सम्पन्न होता है। सन्तानोत्पत्ति आदि के प्रसंग इनमें हास्यकर और कथित रूप से अश्लीलता के साथ प्रस्तुत किए जाते हैं। 'जाट-जटिन', 'झिझिया', 'सामा-चकेवा' आदि भी स्त्रियों के बीच स्त्रियों द्वारा खेले जाने वाले नाट्यरूप हैं।

'रामलीला' और 'रासलीला' भोजपुरी क्षेत्र के प्रसिद्ध लोकनाट्य हैं। रामनगर की रामलीला विशेषतः ख्यात है। 'रामलीलाएँ' रामचरितमानस की चौपाइयों के साथ साभिनय प्रस्तुत की जाती हैं। 'रासलीलाएँ' नृत्यप्रधान होती हैं और कृष्ण चरित के विभिन्न प्रसंगों को इनमें प्रस्तुत किया जाता है। विभिन्न अवसरों पर 'स्वाँग' की भी एक लम्बी परम्परा रही है।

नाच-मंडली व नाटक-मंडली के माध्यम से नाटक करने की परम्परा भी भोजपुरी में पुरानी है। भिखारी ठाकुर उसी परम्परा की एक महत्त्वपूर्ण कड़ी हैं। उनका बिदेसिया एक लम्बी 'बिदेशिया' नाट्यपरम्परा की सर्वाधिक सशक्त परिणति है।

भोजपुरी लोकनाट्य की, बल्कि लोकनाट्य मात्र की सबसे बड़ी विशेषता दर्शकों की समझ पर उनका अगाध विश्वास है। इसी विश्वास के सहारे वे मंच-सज्जा, वेश-भूषा आदि के आडम्बर के बिना भी सफलतापूर्वक प्रस्तुत हो लेते हैं।

मंच प्रायः खुला होता है और नेपथ्य प्रायः नहीं होता। अपने दर्शक-वर्ग के साथ अपने मंच को ये नाटक बहुविध साझा करते हैं।

लोकोक्ति, पहेली आदि

किसी भी दूसरी लोकभाषा की ही तरह भोजपुरी भी लोकोक्तियों, सूक्तियों, मुहावरों, पहेलियों, रोजमर्रा आदि से भरपूर है। ये लोकोक्तियाँ, पहेलियाँ आदि तरह-तरह की हैं। किसी भी कहावत, मुहावरे या सूक्ति का प्रयोग करते हुए हम देश-काल की सीमाएँ लाँघकर जाने कितने पूर्वजन के अनुभवों से अपने अनुभव को जोड़ लेते हैं। किसी भी बुझौवल को बूझते हुए हम किसी जानी-पहचानी बात से, वस्तु से एक नये सिरे से साक्षात्कार करते हैं। भोजपुरी इस जुड़ाव, इस साक्षात्कार के बहुविध अवसर मुहैया कराती है।

लोकगीत

मइया-गीत

निमिया के डाढ़ि मइया, लावेली हिंडोलवा कि झूली झूली
मइया मोरी गावेली गीत कि झूली-झूली॥
झुलत-झुलत मइया के लगली पियसिया, कि चली भइली
मलहोरिया अवास कि चलि भइली॥
सूतल बाड़ू कि जागल ए मालिन, बून एकऽ
मोहि के पनिया पियावऽ कि बून एकऽ॥
कइसे में पनिया पियाईं ए सीतली मइया, मोरा गोदे
दीहल बलका तोहार कि मोरा गोदे॥
बलका सुतावऽ मालिन, सोने के खटोलवा कि बून एकऽ
मोहि के पनिया पियावऽ कि बून एकऽ॥
एक हाथे लेली मालिन झँझरा तमरुआ कि दूजे हाथे
सिंघासन पाट कि दूजे हाथे॥
पनिया त पियलू मइया, पाटे चढ़ि बइठऽ कि बोलऽ मइया
ई नगरिया कुसलात कि बोलऽ मइया॥
सगरी नगरिया मालिन, खेम कुसलतिया कि भल मालिन
अब चाहींला तहार कि भल मालिन॥
जइसन ए मालिन, हमें जुड़ववलू कि ओइसन
तोहार धियवा जुड़ास कि ओइसन॥
तोहार पतोहिया जुड़ास कि ओइसन॥
धियवा त बाड़ी मइया, आपन ससुररिया, पतोहिया तोर
बाड़ी आपन नइहरवा, पतोहिया तोर॥
धियवा जुड़ास मालिन, आपन ससुररिया, पतोहिया तोर
अपना नइहर जुड़ास, पतोहिया तोर॥

जइसन असिसिया मइया, मालिन के दिहलू कि ओइसन
कवन देव के दिहितू कि ओइसन॥
कवन देइ के दिहितू कि ओइसन॥

मइया-गीत

केथुआ के ककही, केथु के लागल सरिया, केथुअवे बइठल ना।
मइया झारैं लामी केसिया, केथुअवे बइठल ना॥
सोनवा के ककही, रुपे के लागल सरिया, मचियवे बइठल ना।
मइया झारैं लामी केसिया, मचियवे बइठल ना॥
टूटि गइलीं ककही, छटकि गइले सरिया, रुसलि मइया ना।
जाली सोनरा-दोकनिया, रुसलि मइया ना॥
एक बने गइली, दुसर बने गइली, तिसर बने ना।
मिलल गोरू-चरवहवा तिसर बने ना॥
हम तोहसे पूछींला गोरू-चरवहवा, केहर पड़िहें ना।
ओही सोनरा-दोकनिया केहर पड़िहें ना॥
एही पार गंगा, ओही पार जमुना, बीचे रेतिया ना।
ओही सोनरा-दोकनिया, बीचे रेतिया ना॥
आग लगे तोहँके, बजर पड़े तोहँके, कइसन गढ़ले ना।
हमरे ककही के सरिया, कइसन गढ़ले ना॥
आजु के रतिया, बकसु मोरी मइया, कि होते भोरे ना।
ककही बरधन लदइबै, कि होते भोरे ना॥

मंगल गीत

गाई के गोबरे महादेव, अँगना लिपाइ
गजमोती आहो महादेव, चउका पुराइ
सुनीं ए सिव! सिव-सिव के दोहाई
चउका प बइठल महादेव गइले निनियाइ
मारि के हुदुकवा महादेई दिहली जगाइ
सुनीं ए सिव! सिव-सिव के दोहाई

हुदुका के मरले महादेव गइले रिसियाइ
बँहिया लफाइ के महादेई लिहली मनाइ
सुनीं ए सिव! सिव-सिव के दोहाई
के दीही हाथी से घोड़ा, के हो धेनु गाइ
के दीही आपन धियवा, अँगुरी धराइ
सुनीं ए सिव! सिव-सिव के दोहाई
बाबा दीहें हाथी से घोड़ा, भइया धेनु गाइ
मइया दीहें आपन धियवा, अँगुरी धराइ
सुनीं ए सिव! सिव-सिव के दोहाई
खाए के थारी महादेव अँचवे के लोटा
सुते के पलंगड़ी महादेव ओढ़े के रजाई
सुनीं ए सिव! सिव-सिव के दोहाई
सुनते पलंगड़ी महादेव गइले निनियाई
सुनते रजाई महादेव गइले निनियाई
मारि के हुदुकवा महादेई दिहली जगाई
सुनीं ए सिव! सिव-सिव के दोहाई
हुदुका के मरले महादेव गइले रिसियाइ
बँहिया लफाइ के महादेई लिहली मनाई
सुनीं ए सिव! सिव-सिव के दोहाई

हिंडोला गीत

बाबा निबिया के पेड़ जनि काटहुँ
निबिया चिरइया बसेर, बलइया लेइँ बीरन॥
बाबा बिटिया के जनि केहू दुख देहुँ
बिटिया चिरइया के नाइँ, बलइया लेइँ बीरन॥
सब त चिरइया रे उड़ि-उड़ि जइहें
रहि जइहें निबिया अकेल, बलइया लेइँ बीरन॥
सब के बिटियवा रे जइहें ससुररिया
रहि जइहें मइया अकेल, बलइया लेइँ बीरन॥

सोहर

कमर में सोहे करधनिया, पाँवे पैजनिया
ए ललना, दूर खेलन जनि जाहु, ढुँढ़न हम न आइब॥
सात बिरन के बहिनिया, बापे क धिया एके
अपना हरि जी के परम पियारी, ढुँढ़न कइसे आइब॥
भोर भये भिनुसरवा, कलेवना के जुनिया
होइगै कलेवना के बेर, ललन नाहिं आइल॥
अँगिया त फाटै बने-बन, अँचरा करे-कर
छतिया उठै हहराय, ढुँढ़न हम आइब॥
सात बिरन के बहिनिया, बापे क धिया एके
मइया, हरि जी के परम पियारी, ढुँढ़न कइसे अइलू॥
छोड़ि देलीं सातो बिरनवा, बापे क नइहरवा
ललना, छोड़ि देलीं हरि जी के सेज, ढुँढ़न हम अइलीं॥
जइसे कोंहारे के अँउआ, त भभकि-भभकि रहै
बेटा, तइसहिं माई के करेज, त धधकि-धधकि रहै॥

बेटी विवाह

काहे बिनु सून अँगनवा ए बाबा, काहे बिनु सून लखराँव
काहे बिनु सून दुअरवा ए बाबा, काहे बिनु पोखरा तहार॥
धिया बिनु सून अँगनवा ए बेटी, कोइलर बिनु लखराँव
पूत बिनु सून दुअरवा ए बेटी, हंस बिनु पोखरा हमार॥
कइसे के सोहे अँगनवा ए बाबा, कइसे के सोहे लखराँव
कइसे के सोहे दुअरवा ए बाबा, कइसे के पोखरा तहार॥
धरम से ए बेटी, बेटी उपजिहें, सेवा से आम तइयार
तपवा से ए बेटी, पुतवा भेंटइहें, दान से हंसा मँझधार॥
का देइ बेटी समोधबऽ ए बाबा, का देइ अमवा के गाछ
का देइ पुतवा समोधबऽ ए बाबा, का देइ हंसा मँझधार॥

धन देइ बेटी समोधब ए बेटी, जल देइ समोधब लखराँव
भुँइ देइ पुतवा समोधब ए बेटी, अन देइ हंसा मँझधार॥
का देखि मोहे जनवासा ए बाबा, का देखि रसना तहार
का देखि हियरा जुड़इहें ए बाबा, का देखि नैना जुड़ाय॥
धिया देखि मोहे जनवासा ए बेटी, अमवा से रसना हमार
पुतवा से हियरा जुड़इहें ए बेटी, हंसा देखि नैना जुड़ाय॥

रोपनी गीत

अरे पिया कौड़ी के लोभी फिर घर के॥
बेरिहिं बेर तोहि बिनवों हो नयका हमहू गेहन लिये जाब
गठिया जोरि तोरा बरधी लदइबों कि डेरवा प जेवना बनाब
उपरा से छोड़बइ भिउआ के धरवा कि अँचरन झलब बयार॥
जो धनि होइतू बेइलिया के फुलवा रखितों पगरिया के पेंच
तू धनि बाड़ू बारी रे बयसिया कि हँसिहें सथवा क लोग॥
बेरिया क बेरि तोहि बरजो नयकवा उतर बनिज जनि जाहु
उतर क पनिया जहर बिख महुरा लागे करेजवा में घाव
पनिया पियत सामी मरि-हरि जइबऽ हम धनि होइबों अनाथ॥
दँतवा तुराइ पिया कोठवा उठइबों छतियन बजर केवार
एहि दुनो नैना बीच हटिया लगइबों घरहीं करहुँ रोजिगार॥
अमली बँवरि कइ कोल्हुआ रे नयका बेल बबुर कइ जाठि
जठिया के उपरा ढेकुली पिहिके ओइसे पिहिके जिया मोर॥
आधी-आधी राति पिया लादेलऽ बरधिया कि छतिया कुहुकेला मोर
चुटुकी काटि छोटी ननदी जगावे, भइया बनिजिया कइ जाय॥
जेकरि ऊँच नजरिया रे नयका ओ कुलवन्ती जोय
ते कइसे जइहे बनिज बिदेसवा घरहीं सवाई होय॥

सोहर

छापक पेड़ छिउलिया त पतवन घन बन हो
ताहि तर ठाढ़ हरिनिया त मन अति अनमन हो॥

चरतहिं चरत हरिनवा त हरिनी से पूछेले हो
हरिनी! की तोर चरहा झुरान कि पानी बिनु मुरझेलू हो॥
नाहीं मोर चरहा झुरान ना पानी बिनु मुरझींले हो
हरिना आजु राजा के छठिहार तोहे मारि डरिहें हो॥
मचियहिं बइठल कोसिला रानी, हरिनी अरज करे हो
रानी! मसुआ त सींझेला रसोइया खलरिया हमें दिहितू नू हो॥
पेड़वा से टाँगबि खलरिया त मन समुझाइबि हो
रानी हिरि-फिरि देखबि खलरिया जनुक हरिना जिअतहि हो॥
जाहु हरिनि घर अपना, खलरिया ना देइबि हो
हरिनी खलरी के खँजड़ी मढ़ाइबि राम मोरा खेलिहें नू हो॥
जब-जब बाजेला खँजड़िया सबद सुनि अहँकेली हो
हरिनी ठाढ़ि ढेकुलिया के तरवा हरिन के बिसूरेली हो॥
जइसे मोरा सून मधुबनवा त एक रे हरिन बिनु हो
रामा सून होइहें तसहीं अजुधेया त एक रे रमइया बिनु हो॥

सोहर

छोटी-मोटी पेड़वा चननवा के, पतवा झलामलि हो
आहे, ताहि तर ठाढ़ि हरिनिया, हरिनवा बटिया जोहेले हो॥
वन में से निकलेला हरिना, त हरिनी से पूछेला हो
हरिनी, काहे तोरा जियरा उदास, काहे रे मन बेदिल हो॥
गइलों में राजाजी के महलिया, सबदवा सुनि अइलों नू हो
अरे, राजाजी के छुटले बहेलिया, हरिनवा मरवावेले हो॥
के इहो बगिया लगावे, कवन रइया पानी सींचे हो
आरे, केकर रनिया गरभ से, हरिनवा मरवावेले हो॥
दसरथ बगिया लगावेले, लछन रइया पानी सींचे हो
आरे, रघुबर रनिया गरभ से, हरिनवा मरवावेले हो॥
मचिया बइठल रउरा कोसिला रानी, हरिनी मनतिया करे हो
रानी रामजी के होइहें नन्दलाल, त हमरा के का देबू हो॥

सोनवे मढ़इबो दुनो सिंघिया, भोजनिया तिल चाउर हो
हरिनी, भुभुतऽ जंगल बीचे राज, हरिनवा नाहिं मारबि हो॥

सोहर

छापक पेड़ छिउल केरा पतवन घनबन हो
ताहि तर ठाढ़ सीता भइली त बहुत बिपतिया में हो॥
कहाँ पइबों सोने केरा छुरवा त कहाँ पइबों धगरिन हो
के मोरा जागी रयनिया त के हो दुख बँटिहन हो॥
बन से निकलि बनसपती सितहिं समुझावेली हो
चुप रहु बहिनी, त चुप रहु हो, बहिनी चुप रहु हो।
हम देबो सोने केरा छुरिया, हमहिं होब धगरिन हो
सीता, हम तोरो जागब रयनिया, हमहिं दुख बाँटबि हो॥
होत भोर लोही लागत होरिला जनम भइले हो
बाजे लागल अनँद बधाव, गावेली सखी सोहर हो॥
जो पूता होतऽ अजोधिया, राजा दसरथ घर हो
राजा सगरे अजोधिया लुटवतें, कोसिला देई अभरन हो॥
पूता हो, जनमलऽ जे बन में त बनफुल तोरऽ हो
बेटा कुस रे आसन, कुस डासन, बनफल भोजन हो॥
हँकरिन बन केरा नउआ बेगहिं चलि आवहुँ हो
नउआ, सीता के भइल नन्दलाल रोचन पहुँचावहुँ हो॥
पहिला रोचन राजा दसरथ, दूसर कोसिला रानी हो
नउआ तिसर रोचन बाबू लछुमन, राम जनि सूनसु हो॥
दसरथ दिहलन घोड़वा, कोसिला रानी अभरन हो
लछुमन हाथ के मुनरिया त नउआ बिदाई कइलन हो॥
चारहिं खंड के पोखरवा त राम दतुअन करें हो
लछिमन भहर-भहर होला माथ रोचन कहाँ पवलऽ नू हो॥
भउजी त हमरो सीता देई दूनो कुल रखलिन हो
भइया उनुके भइल नन्दलाल, रोचन हम पावल हो॥
हाथे के गेड़ुअवा त हाथे रहे, दतुअन मुँह रहे हो
रामा ढुरे लागल मोतिअन आँसु पटुकवन पोंछेले हो॥

होरी

मोरा हजारों का चीरा हो, कोई रंगो न डारे॥
केहर से आवेले कारी बदरिया
केहर से आवे पिया मोरा हो, कोई रंगो न डारे॥
पुरुब से आवेले कारी बदरिया
पच्छिम से आवे पिया मोरा हो, कोई रंगो न डारे॥
का लेके आवेले कारी बदरिया
का लेके आवे पिया मोरा हो, कोई रंगो न डारे॥
जल लेके आवेले कारी बदरिया
रंग लेके आवे पिया मोरा हो, कोई रंगो न डारे॥
का हो भिंजावेले कारी बदरिया
का हो भिंजावे पिया मोरा हो, कोई रंगो न डारे॥
तनवा भिंजावेले कारी बदरिया
मनवा भिंजावे पिया मोरा हो, कोई रंगो न डारे॥

सुमिरन का बिरहा

आरे गंगाजी के गंगिवट माटी
त अवरू गंगाजल हो
ए मइया, हथवा खियइले घर लिपइत
त रउरा चिते दाया नाहीं हो॥

कवन फुलवा फूलेला लहालहि
त कवन फूल रन्थ साजे हो
ए मइया, कवन फुलवा रहेलू लोभाइ
सेवक राउर बाट जोहे हो॥

अड़हुल फुलवा फूलेला लहालहि
त चम्पा फूल रन्थ साजे हो
ए सेवका, बेला फुलवा रहींले लोभाइ
सेवकवा मोरा रन्थ साजे हो॥

सोहर

कुँअवा खनवले कवन फल, सुनऽ हो राजा दसरथ
झोंझवन भरें पनिहारिन, तबहिं फल होइहें॥
बगिया लगवले कवन फल, सुनऽ हो राजा दसरथ
राहे-बाटे अमवा जे खइहें, तबहिं फल होइहें॥
पोखरा खनवले कवन फल, सुनऽ हो राजा दसरथ
गइया पिएँ जुड़ पानी, तबहिं फल होइहें॥
तिरिया जनमले कवन फल, सुनऽ हो राजा दसरथ
पुतवा जनम जब लेइहें, तबहिं फल होइहें॥
पुतवा जनमले कवन फल, सुनऽ हो राजा दसरथ
गया जाइ करैं पिंडदान, तबहिं फल होइहें॥

खेलवना

कवना रँग के वृन्दा हो बनवा, कवने रँग के हो जमुन।
कि आहो लाल, कवने रँग मोरा बाला कन्हइया
खेलेला हो अँगना॥
हरियर-हरियर वृन्दा हो बनवा, निरमल हो जमुना
कि आहो लाल, ढुनमुन-ढुनमुन बाला कन्हइया
खेलेला हो अँगना॥
कवने डाइन कवने जोगिन, अइलिन हो अँगना
कि आहो लाल, दुधवो ना पिए मोरा बाला कन्हइया
रोवेला हो अतना॥
सासु मोरा डाइन, ननद मोरा जोगिन, अइलिन हो अँगना
कि आहो लाल, दुधवो ना पिए मोरा बाला कन्हइया
रोवेला हो अतना॥
काटब हो चन्नन के गछिया, घेरब हो अँगना
कि आहो लाल, दुधवा पिए मोरा बाला कन्हइया
खेलेला हो अँगना॥

चैती

सूतल सँइया के जगावे हो रामा, तोरी मीठी बोलिया॥
रोज-रोज बोले कोइली साँझे सबेरवा
आजु काहे बोले अधिरतिया हो रामा, तोरी मीठी बोलिया॥
अबले त रहू कोइली बन के कोइलिया
अब तुहूँ भइलू सवतिनिया हो रामा, तोरी मीठी बोलिया॥
होखे द बिहान कोइली, बढ़ई बोलइबो
जरी से कटइबो सिरिसिया हो रामा, तोरी मीठी बोलिया॥

बेटी विवाह (कन्यादान)

कवन गरहनवा बाबा साँझे जे लागे, कवन गरहनवा भिनुसार
कवन गरहनवा बाबा मँड़वनि लागे, कब होइहें उगरह तोहार॥
चन्दर गरहनवा बेटी साँझे जे लागे, सुरुज गरहनवा भिनुसार
धिया गरहनवा बेटी मँड़वनि लागे, कबहुँ न उगरह हमार॥
रउरा जे बाटे बाबा हंसराज घोड़वा, सोनवे गढ़ावल चारो गोड़
ऊहे घोड़उआ बाबा धिया दान करबऽ, तब होइहें उगरह तहार॥
बाभन काँपेला, माँड़ो काँपेला, काँपेला नगर के लोग
जाँघे बिटिउआ लेले काँपेले कवन बाबा, अब होइहें उगरह हमार॥
कथि बिना बाबा हो हुमियो ना होइहें, कथि बिना जउरी न होइ
कथि बिना बाबा हो जग अन्हिआरा, कथि बिना धरम न होइ॥
घिव बिना बेटी हो हुमियो ना होइहें, दूध बिना जउरी न होइ
एक पुतर बिना जग अन्हियारा, धिया बिना धरम न होइ॥

बेटी विवाह (विदाई)

सूतल सुगिया के सुगना जगावे, सुगिया!
चलि चलऽ हमरे देस, कुंजन बन छोड़ि द॥
का हो खियइबऽ सुगना, का हो पियइबऽ
केथुआ के डाढ़ि सुतइबऽ, कुंजन बन छोड़ि दीं॥

अमवा खियाइब सुगिया, अमरस पियाइब
अमवा के डढ़िया सुताइब, कुंजन बन छोड़ि द॥
सूतल कवन देइ के कवन राम जगावे
धनिया, चलि चलऽ हमरे देस, बाबा के घर छोड़ि द॥
का हो खियइबऽ सामी, का हो पियइबऽ
केथुआ पलंगिया सुतइबऽ, बाबा के घर छोड़ि दीं॥
खोउआ खियाइब धनि, दुधवा पियाइब
लाली पलंगिया सुताइब, बाबा के घर छोड़ि द॥

सोहर

सोने के खरउँआ राजा राम कोसिला से अरज करें हो
हुकुम ना दीं मोरी मइया मैं बन के सिधारीं हो॥
जवने राम दुधवा पिअवलों घिउ से अबटलों हो
अरे, मोरे भितरा से बिहरेला करेजवा, मैं कइसे बन भाखों हो॥
राम त मोर करेजवा लखन मोर पुतरिया हो
अरे रामा, सीता रानी हथवा के चुरिया, मैं बन कइसे भाखों हो॥
राम गइले दुपहरिया लखन तिजहरिया हो
सीता मोरी गइली सँझवतिए, मैं कइसे जिया बाँधों हो॥
पोअलों में घिउ के लुचुइया, दूधवा केरि जाउर हो
अरे रामा, अतना जेवनवा गोरे बिख भइले राम मोरा बन गइले हो॥
चारि मन्दिल चारि दीप बरे, हमरो अकेल बरे हो
रामा, मोरा लेखे जग अन्हियार, राम मोरा बन गइले हो॥
भितरा से निकलीं कोसिला रानी, नयनन नीर बहे हो
रामा, राम लखन सिया जोड़िया कवन बन होइहन हो॥
घरे-घरे घूमेली कोसिला त लरिका बटोरेली हो
लइकन, तनी एक करितऽ धमाल त राग बिसरइतीं नु हो॥
राम बिनु सून अजोधिया, लखन बिन मन्दिर हो
मोरी सीता बिनु सून रसोइया, कइसे जियरा बोधबि हो॥
मन्दिर दीप जराइब, सेजिया डँसाइब हो
रामा आधी रात होरिला दुलारब, राम जनु घरहीं में हो॥

सावन भदउआ के रात, घुमड़ि घन बरिसेले हो
रामा, राम-लखन दुनो भइया कतहुँ होइहें भीजत हो॥
रिमिक-झिमिक देव बरिसेले, मोरे नाहीं भावेले हो
देव! ओहि बने जाइ जनि बरिसहुँ जहाँ मोरे लरिकन हो॥
राम के भीजेला मुकुटवा, लखन सिरे पटुका हो
मोरी सीता के भीजेला सेनुरवा, लवटि घरवा आवहुँ हो॥

कन्यादान

बाबा जे धियवा निकारैं
जइसे रे जल माछर

आमा जे धियवा चोरावें
जइसे रे धिव गागर

बाबा के बिहरे करेजवा
जइसे रे जेठ काँकर

आमा के बरिसे नयनवा
जइसे रे भादो बादर

झूमर

ठाढ़ गोरी गंगा हिलोरे
झुलनिया लइ गइ मछरिया

सभवा जुमल होइहें ससुरू बढ़इता
जाइ कोई उनके जनावे
झुलनिया लइ गइ मछरिया
जाल-महाजाल डलवावें
झुलनिया लइ गइ मछरिया

दुअरा सजल होइहें भसुरू बढ़इता
जाइ कोई उनके जनावे
झुलनिया लइ गइ मछरिया
जाल-महाजाल डलवावें
झुलनिया लइ गइ मछरिया

बगिया घुमत होइहें लहुरा देवरवा
जाइ कोई उनके जनावे
झुलनिया लइ गइ मछरिया
जाल-महाजाल डलवावें
झुलनिया लइ गइ मछरिया

सेजिया सुतल होइहें बारे बलमुआ
जाइ कोई उनके जनावे
झुलनिया लइ गइ मछरिया
जाल-महाजाल डलवावें
झुलनिया लइ गइ मछरिया

लोककथा

केकरा नाँवे सगुन उठाईं

सात गो भाई रहन, एगुड़े बहीन। ना माई ना बाबू, ना कुल-परिवार में केहू आउर। जवन ना रहन बाबू, तवन बाबू बँटाइल रहन सात गो भाई में। जवन ना रही माई, तवन माई बटोराइल रही एगुड़े बहीन में। जवना कुल-परिवार में केहू ना रहे आउर, तवना कुल-परिवार में साठ गो रहले सवांग—कुछ नीम के नाम से, कुछ के नाम बर, पीपर, पाकड़, महुआ, आम। त जवन हिसाब-किताब तवन ई कि साठ के बीच में आठ, आठ के आग-पाछ साठ। सात के बीच में एगुड़े आ एगुड़े के आग-पाछ सात।

खाय के दिन गइल, कमाय के दिन आइल। सात गो भाय, सातो के ना बुझाय कि केकरा रइछा में राखीं जा बहीन के, कइसे के जाईं जा कमाय। एगो बहीन, बहिनिया मनावे जे नइखे बुझात त नाहिंए बुझाय।

जब नाहिंए बुझाइल त बहिनिए से पुछाइल। बहिनिया के भइल कि कइसे बताईं आ जानत जब बानीं त कइसे ना बताईं! त जवन मन मनावत रहे कि 'नइखे बुझात त नाहिंए बुझाय' तवने मन के मनवली आ मना के बतवली।

बहिनिया के ओही बतवला के मोताबिक कुल-परिवार के जे सबसे पुरनिया, पीपर, ओही पीपर के रइछा में रखले जा बहीन के आ सातो भाई चलले कमाय।

सात भाइन के टोली जवना राहे जात रहे कमाय, तवने राहे सात भाइन के एगो टोली आवत रहे कमा के। एनियो उछाह, ओनियो उछाह। उछाह के उछाह से एक तकड़ हो गइल। ना एहर कवनो पुरनिया, ना ओहर कवनो पुरनिया। के समुझावे, के समुझे। पहिले आभी-गाभी, फेरु गारा-गारी। फेरु हाराहुँसी, फेरु धाकाधुकी, फेरु मारापिटी। कमाय जात के बल जादा, कमा के आवत के बल आधा। ओनहन के अधवे बल लागे पावल लड़े-लड़ावे में, आधा बल लाग गइल कमाइल के जाय से बचावे में। जात भाई बीस परले आवत भाई उनइस। जाय वाला चल गइले रगर के, आवे वाला पसर गइले भहर के।

भहरल भाइन में भइल कि ऊहो साते गो, हमनियो साते गो, काहे ऊ चलि गइलें रगर के, काहे हमन पसर गइलीं भहर के! चरन्त से पुछाइल, उड़न्त से पुछाइल, बुड़न्त से पुछाइल। फेंड़ो से पुछाइल, डाढ़ो से पुछाइल, पालो से पुछाइल। पता चलल कि साते भाई उन्हनियो, साते भाई तहनियो, बाकिर उन्हनी के एगो बहिन-बल अधिका। त भहरल भाइन में भइल कि ऊ सातो भाई बाड़े जा बहरियाइल, मोका बा मोनासिब, हरि लेल जाय उन्हनी के ओह बहिन-बल के।

सातो सुर लगा के सातो भाई कहले कि खोलऽ केवाड़ी। सातो सुर सुन के अघा गइली बहिनी, धधा गइली बहिनी। चलि दिहली खोले केवाड़ी। अधवे राहे रहली कि सुनली कि 'चले के त चल दिहलू खोले केवाड़, हमरा से पुछलू? हमरा से तछलू?

आ त—रउरा के, कि रउरा से पूछीं? कि रउरा से ताछीं?

आ त—हम तहरा दुअरा के पीपर। तहरे बतवला प, हमरे रइछा में राखि के तहरा के, सातो भाई तहार, गइले कमाय।

आ त—जवने गोड़े गइले, तवने गोड़े अइले। सातो भयकड़ा हमार, देखि ल, कि कइसे लवटि के दुआरी प ठाढ़!

आ त—ठाढ़ ना जे नउजी! ई केहू अउरी। मोढ़ा प ठाढ़ होके झाँकि ल झरोखा से।

झँकली झरोखा से त बूझि गइली धोखा के।

ओने गोहरावत-गोहरावत कि 'खोलऽ केवाड़, खोलऽ केवाड़' सातो के कंठ बइठ गइल, खड़े-खड़े दुखाय लागल करिहाँव। सातो भाई पसर गइले भहर के।

त भइल कि सातो भाई चलि गइले बहरा कमाय त कवन बल भितरा बहिनिया के? चरन्त से पुछाइल, उड़न्त से पुछाइल, बुड़न्त से पुछाइल। फेंड़ो से पुछाइल, डाढ़ो से पुछाइल, पालो से पुछाइल। त पता चलल कि एकरा पिपर-बल। 'केने बाड़े पीपर, केने बाड़े पीपर...?' त 'हा ल, दुअरिए प ठाढ़...!' त भइल कि काट के पार दिहल जाय एह पीपर के।

सात टाँगी सात टाँगा सात आरी सात आरा लेके, चलल लोग पीपर के काट के पारे, त हँसले ठठा के पीपर कि 'ई कइसे जनलऽ जा कि एक होके राखब, एक से एकइस होके ना राखब?' त डाढ़-डाढ़ कहले कि कइसे ना राखब! पात-पात कहले कि कइसे ना राखब! त कहले नीम कि कइसे ना राखब! त बर-पाकड़ कहले, कहले महुआ, कहले आम कि भला कहऽ, कइसे ना राखब!

त, सातो टाँगी सातो टाँगा सातो आरी सातो आरा छोड़ के, दूनो हाथ दसो नोह जोड़ के, एक्के सुरे कहले जा सातो भाई कि हे रउआ पीपर पुरनिया, अब रउए

बताईं कि कवन उपाय! त पीपर पुरनिया के भइल कि कइसे बताईं आ जानत जब बानीं त कइसे ना बताईं! त पिपरू पुरनिया के जवन मन मनावत रहे कि ई सातो कमा के आइल भाई, ओ सातो कमाय गइल भाई के कुल-परिवार के सिवान-मथान से जल्दी-से-जल्दी जायँ, भागें, परायँ; तवने मन के मनवले, मना के, जवन उपाय रहे, जवन-जवन, तवन बतवले, तवन-तवन।

तवने बतवला के मोताबिक जवन सातो जना कइल, तवने कइला के मोताबिक जवन भइल, तवने भइला के मोताबिक जब कमाय गइल सातो भाई कमा के लवटले त पवले कि कुल-परिवार में साठ के साथे-साथ साठ सवांग आउर—नीम, बर, पीपर, पाकड़, महुआ, आम—आ अधिका में हे देखऽ कटहर, हो देखऽ जामुन! सातो भाई अगराइल कि हमन के जा के जतना कमइलीं, ओकरा से अधिका बहिनिया घर बइठल कमाइल। त पीपर पुरनिया बतवले कि बबुअन, बहिनिया त अईवलस, अकाज-सुकाज बतवलस। बतवलन कि मेहनत केकर, मजूरी केकर। जेकर बतवले कि मेहनत-मजूरी, से सातो भाई कहले कि बाकिर, मेहनत चाहे जेकर, मजूरी चाहे जेकर, कमाई त तहरा बहिनिए के कहाई ए भाई!

त सातो भाई कमा-के-आइल से सातो भाई कमा-के-आइल बरोबरी प भेंटाइल। भेंट-अँकवार के बाद सातो भाई आ साठो सवांग के कुल-परिवार आ सातो भाई आ साठो सवांग के कुल-परिवार बइठल-बटोराइल। भइल कि का कइल जाय अइसन कि एहर घटे मत आ ओहर घटल मत रह जाय। त भइल कि जेकरे रहले एहर बढ़न्ती आ जेकरे ना रहले ओहर घटन्ती ओह बहिनिए से पुछाय।

पुछाइल। बतवली त ना, बाकिर जानत जब रहली त कइसे ना बतइती! सातो अपना भाई के तकली आ तवना के बाद, भाइन के सातो संघतियन के ताके जब चलली त सभनी के तकली, एगो के ना ताके पवली।

जवना के ना ताके पवली, तवने के माथ प पीपर पुरनिया पतई झहरवले।

उनुके माथे बन्हाइल मउर।

बाकी एक बात अउर। कि ऊ बड़का रहे कि छोटका? कि माँझिल, कि साँझिल? कि ओकरो से छोटका? कि सबका से छोटका से बड़का? कि बाँच गइल तवन?

के बताई? सब कहवइए त ना बताई। कुछ रउरो बताईं। कुछ थाह-पता लगाईं। चरन्त से पूछीं, उड़न्त से पूछीं, बुड़न्त से पूछीं। फेंड़ो से पूछीं, डाढ़ो से पूछीं, पालो से पूछीं। पूछ के, ताछ के, तनी हमरो के बताईं कि केकरा नाँवे सगुन उठाईं... कि 'पहिला सगुनवा तिल-चाउर, आउ दही-माछर, आहो उपरा डँटियवा लागल

पान, लगनवा भइल उताहुल, सगुनवा हम पाईंले...'। कि '**कवना सुभवा के भींजे** लटपट पगिया हो, कवना सुभई के सिरवा सेन्दुर, नयनवा भरि काजर, लगनवा भइल उताहुल, सगुनवा हम पाईंले...'

का लेके परदेसे जाईं

एगो चिरई रहे। दाना चुने, पानी पिए, फुदुक के एहर आवे, फुदुक के ओहर जाय। एक दिन के बात कि घूरा प एगो दाना पवलस। दाना लेके जाँता में दरे गइल। दराय के त दनवा दराऽ गइल, बाकिर एक्के दलवा निकलल, एगो जाँता के खुँटवे में अँटकि गइल। चिरइया उकित त बहुते लगवलस, उद्दम त बहुते कइलस, बाकिर अँटकल दाल निकलल ना। त चिरइया कहलस कि आछा त ठहरऽ-ठहरऽ, आ जा पहुँचल बढ़ई के पास।

कि—बढ़ई-बढ़ई खूँटा फारऽ
खूँटा में मोर दाल बा
का खाईं, का पीहीं
का लेके परदेसे जाईं

त बढ़ई कहले कि ना भगबे, तोरा एगो दाल खाती हम खूँटा फारे जाईं! नज्जाब। त चिरइया कहलस कि आछा त ठहरऽ-ठहरऽ, आ जा पहुँचल राजा के पास।

कि—राजा-राजा बढ़ई दंडऽ
बढ़ई ना खूँटा फारे
खूँटा में मोर दाल बा
का खाईं, का पीहीं
का लेके परदेसे जाईं

त राजा कहले कि ना भगबे, तोरा एगो दाल खाती हम बढ़ई दंडे जाईं! नज्जाब। त चिरइया कहलस कि आछा त ठहरऽ-ठहरऽ, आ जा पहुँचल रानी के पास।

कि—रानी-रानी राज बुझावऽ
राजा ना बढ़ई दंडे
बढ़ई ना खूँटा फारे
खूँटा में मोर दाल बा

का खाईं, का पीहीं
का लेके परदेसे जाईं

त रानी कहली कि ना भगबे, तोरा एगो दाल खाती हम राज बुझावे जाईं! नज्जाब। त चिरइया कहलस कि आछा त ठहरऽ-ठहरऽ, आ जा पहुँचल सरप के पास।

कि—सरप-सरप रानी डँसऽ
रानी ना राज बुझावे
राजा ना बढ़ई दंडे
बढ़ई ना खूँटा फारे
खूँटा में मोर दाल बा
का खाईं, का पीहीं
का लेके परदेसे जाईं

त सरप कहले कि ना भगबे, तोरा एगो दाल खाती हम रानी डँसे जाईं! नज्जाब। त चिरइया कहलस कि आछा त ठहरऽ-ठहरऽ, आ जा पहुँचल लाठी के पास।

कि—लाठी-लाठी सरप पीटऽ
सरप ना रानी डँसे
रानी ना राज बुझावे
राजा ना बढ़ई दंडे
बढ़ई ना खूँटा फारे
खूँटा में मोर दाल बा
का खाईं, का पीहीं
का लेके परदेसे जाईं

त लाठी कहले कि ना भगबे, तोरा एगो दाल खाती हम सरप पीटे जाईं! नज्जाब। त चिरइया कहलस कि आछा त ठहरऽ-ठहरऽ, आ जा पहुँचल आगि के पास।

कि—आगि-आगि लाठी जारऽ
लाठी ना सरप पीटे
सरप ना रानी डँसे
रानी ना राज बुझावे
राजा ना बढ़ई दंडे

बढ़ई ना खूँटा फारे
खूँटा में मोर दाल बा
का खाईं, का पीहीं
का लेके परदेसे जाईं

त आगि कहले कि ना भगबे, तोरा एगो दाल खाती हम लाठी जारे जाईं! नज्जाब। त चिरइया कहलस कि आछा त ठहरऽ-ठहरऽ, आ जा पहुँचल सागर के पास।

कि—सागर-सागर आगि बुतावऽ
आगि ना लाठी जारे
लाठी ना सरप पीटे
सरप ना रानी डँसे
रानी ना राज बुझावे
राजा ना बढ़ई दंटे
बढ़ई ना खूँटा फारे
खूँटा में मोर दाल बा
का खाईं, का पीहीं
का लेके परदेसे जाईं

त सागर कहले कि ना भगबे, तोरा एगो दाल खाती हम आगि बुतावे जाईं! नज्जाब। त चिरइया कहलस कि आछा त ठहरऽ-ठहरऽ, आ जा पहुँचल हाथी के पास।

कि—हाथी-हाथी सागर सोखऽ
सागर ना आगि बुतावे
आगि ना लाठी जारे
लाठी ना सरप पीटे
सरप ना रानी डँसे
रानी ना राज बुझावे
राजा ना बढ़ई दंडे
बढ़ई ना खूँटा फारे
खूँटा में मोर दाल बा
का खाईं, का पीहीं
का लेके परदेसे जाईं

त हाथी कहले कि ना भगबे, तोरा एगो दाल खाती हम सागर सोखे जाईं! नज्जाब। त चिरइया कहलस कि आछा त ठहरऽ-ठहरऽ आ जा पहुँचल बँवर के पास।

कि—बँवर-बँवर हाथी छानऽ
हाथी ना सागर सोखे
सागर ना आगि बुतावे
आगि ना लाठी जारे
लाठी ना सरप पीटे
सरप ना रानी डँसे
रानी ना राज बुझावे
राजा ना बढ़ई दंडे
बढ़ई ना खूँटा फारे
खूँटा में मोर दाल बा
का खाईं, का पीहीं
का लेके परदेसे जाईं

त बँवर कहले कि ना भगबे, तोरा एगो दाल खाती हम हाथी छाने जाईं! नज्जाब। त चिरइया कहलस कि आछा त ठहरऽ-ठहरऽ, आ जा पहुँचल मूस के पास।

कि—मूस-मूस बँवर काटऽ
बँवर ना हाथी छाने
हाथी ना सागर सोखे
सागर ना आगि बुतावे
आगि ना लाठी जारे
लाठी ना सरप पीटे
सरप ना रानी डँसे
रानी ना राज बुझावे
राजा ना बढ़ई दंडे
बढ़ई ना खूँटा फारे
खूँटा में मोर दाल बा
का खाईं, का पीहीं
का लेके परदेसे जाईं

त मूस कहले कि ना भगबे, तोरा एगो दाल खाती हम बँवर काटे जाईं! नज्जाब। त चिरइया कहलस कि आछा त ठहरऽ-ठहरऽ आ जा पहुँचल बिलाई के पास।

कि—मउसी-मउसी मूस खा ल
मूस ना बँवर काटे
बँवर ना हाथी छाने
हाथी ना सागर सोखे
सागर ना आगि बुतावे
आगि ना लाठी जारे
लाठी ना सरप पीटे
सरप ना रानी डँसे
रानी ना राज बुझावे
राजा ना बढ़ई दंडे
बढ़ई ना खूँटा फारे
खूँटा में मोर दाल बा
का खाईं, का पीहीं
का लेके परदेसे जाईं

त मउसी कहली कि केने बा मूस? अब्बे खाइब। जब्बे कहबे तब्बे खाइब, जै बे कहबे तै बे खाइब...।

सुनले मूस त सुनि कहाँ पावें कि लगले गावे—
    कि हमरा के खायऽ-ओयऽ जनि कोई
    हम बँवर काटबि लोई
सुनले बँवर त सुनि कहाँ पावें कि लगले गावे—
    कि हमरा के काटऽ-ओटऽ जनि कोई
    हम हाथी छानबि लोई
सुनले हाथी त सुनि कहाँ पावें कि लगले गावे—
    कि हमरा के छानऽ-ओनऽ जनि कोई
    हम सागर सोखबि लोई
सुनले सागर त सुनि कहाँ पावें कि लगले गावे—
    कि हमरा के सोखऽ-ओखऽ जनि कोई
    हम आगि बुताइबि लोई

सुनले आगि त सुनि कहाँ पावें कि लगले गावे—
कि हमके बुतावऽ-ओवऽ जनि कोई
हम लाठी जारबि लोई
सुनले लाठी त सुनि कहाँ पावें कि लगले गावे—
कि हमरा के जारऽ-ओरऽ जनि कोई
हम रानी डँसबि लोई
सुनली रानी त सुनि कहाँ पावें कि लगली गावे—
कि हमरा के डँसऽ-ओसऽ जनि कोई
हम राज बुझाइबि लोई
सुनले राजा त सुनि कहाँ पावें कि लगले गावे—
कि हमके बुझावऽ-ओवऽ जनि कोई
हम बढ़ई दंडबि लोई
सुनले बढ़ई त सुनि कहाँ पावें कि लगले गावे—
कि हमरा के दंडऽ-ओंडऽ जनि कोई
हम खूँटा फारबि लोई
सुनले खूँटा त सुनि कहाँ पावें कि लगले गावे—
कि हमरा के फारऽ-ओरऽ जनि कोई
हम अपने फाटबि लोई

आ खूँटा फाटि गइल, दाल निकलि आइल, चिरई आपन दूनो दाल दूनो गाले दबवली, फुदुक के एहर अइली, फुदुक के ओहर गइली...

भरबीतन

भरबीतन के भरबीतन नाँव कवनो बाभन-बरुआ ना धइल, अपना-आपे धराइल। भर बित्ता के भइलन भरबीतन त आप-से-आप भरबीतन कहइलन। बित्ता भर के भइलन आ बित्ता-भर-के-बित्ते-भर भइल रह गइलन, त जवन भरबीतन बित्ता भर के भइला प भरबीतन कहइलन तवन भरबीतन भरबीतन-के-भरबितने कहात रह गइलन। केहू से केहू, कबहीं ना पूछल कि भरबीतन के का नाँव। केहू के केहू, कबो ना बतावल कि भरबीतन के नाँव भरबीतन। जे नाहिंयो जाने भरबीतन के, सेहू भरबीतन के देखे, त देखते जान जाय, कि ईहे ऊ हवन भरबीतन, जवना भरबीतन के नाँव भरबीतन।

एगो भरबीतन आ एगो भरबीतन के मतारी। भरबीतन बाकिर, गाँव भ के दुलरुआ। ना भरबीतन मानें अपना के केहू से कम, ना गाँव भ के केहू माने भरबीतन के अपना से कम। बाकिर, जवन भरबीतन अपना खातिर बित्ता भर के, आ गाँव भर खातिर बित्ता भर के, तवने भरबीतन अपना मतारी खातिर बित्ते भर के। जब ना तब, अहँकल करैं मतारी, डहकल करैं मतारी, कि बित्ते भर के हमार भरबीतन, का कमइहें, का खइहें, का लेके परदेसे जइहें! जब-जब सुनले भरबीतन, मने-मने कहले कि माई रे माई, कहियो त आई कि तोर अहँकल छोड़ाइब, तोर डहकल छोड़ाइब।

दिन गइल रात भइल, रात गइल दिन भइल, परियार एसों होके परियार भइल।

भरबीतन के समुरिया सब गाय-भँइस के चरवाही में जाय लगले, भरबीतन कहले कि माई रे, हमरो के भँइस एगो कीन दे, हमहूँ चरवाही में जाईं। माई कहली कि ई तोरा से ना होई। भरबीतन कहले कि जवन सबका से होई, हमरो से होई। ना मतारी भरबीतन के बात माने के तइयार, ना भरबीतन मतारी के बात माने के तइयार। गाँव-घर से पुछाइल, त भरबीतन के माई चिहाइल कि हमरा 'ना' में केहुओ के 'ना' ना, भरबितना के 'हाँ' में सबकर 'हाँ'! त हार-दाँव देके भँइस कीन देली। भरबीतन चलले चरवाही में त उनुका संग के संघतियन के चेतवली कि अखेयान करिहऽ लोग, गोरुन के खुर-खार से भरबीतन हमार कनास ना, खनास ना।

अपना-अपना गाय-भँइस के लेके सभे जब जंगल पहुँचल त जेकरा के देखऽ सेही दुसरका के समझावत कि अखेयान करिहऽ कि गोरुन के खुर-खार से भरबीतन हमार कनास ना, खनास ना।

सबके फिकिर ई, भरबीतन के फिकिर कि कइसे भँइसिया के पीठ प बइठीं। अगल से बगल गइले, आगे से पीछे अइले। पोंछ पवले त पकड़ के लटक के लगले चढ़े। तले भँइसिया गोबर करे लागल, गोबर के चोंत में भरबीतन दबा गइले।

ओने सभे जब सभे के चेताऽ देल कि अखेयान करे के काम बा कि गोरुन के खुर-खार से भरबीतन हमार कनास ना, खनास ना, तब सब के भइल कि कहाँ बाड़े भरबीतन...कहाँ बाड़े भरबीतन...?

आगे बढ़ के जोहाइल, पीछे हट के जोहाइल। जहाँ जोहाय के चाहीं तहाँ जोहइल, जहाँ ना चाहीं जोहाय के, तहों जोहाइल।

भइल कि बिना भरबीतन के कवन मुँह गाँव के, कवन मुँह भरबीतन के माई के देखावल जाई! अब त भरबीतन भेंटइहें, तबे गोड़ गाँव में धरइहें। त जंगल में खाइल का जाई? गाय-भँइस के दूध दुहाई, ऊहे अँवटाई, ऊहे पियाई। कइसे अँवटाई? सूखल-पाखल लकड़ी बिनाई, गोबर बटोराई। लकड़ी बिनाय लागल, गोबर बटोराय लागल।

गोबर के एगो चोंत के नीचे से भरबीतन निकल अइले। केहू भँइस प खिसियाइल, केहू गोबर प रिसियाइल, बाकिर जब भरबीतन लगले अगराय कि 'गोबर अतना, त दूध कतना!'—त सब-के-सब लागल अगराय कि हँ हो हँ, जब गोबर अतना, त दूध कतना!

दिन गइल रात भइल, रात गइल दिन भइल, परियार एसों होके परियार भइल।

भरबीतन के समुरिया सब हरवाही में जाय लगले त भरबीतन कहले कि माई रे, हमरो के दुगो बैल कीन दे, हमहूँ हरवाही में जाइब। माई कहली कि ई तोरा से ना होई। भरबीतन कहले कि जवन सबका से होई, हमरो से होई। ना मतारी भरबीतन के बात माने के तइयार, ना भरबीतन मतारी के बात माने के तइयार। गाँव-घर से पुछाइल त भरबीतन के माई चिहाइल कि हमरा 'ना' में केहुओ के 'ना' ना, भरबितना के 'हाँ' में सबकर 'हाँ'। हार-दाँव देके दूगो बैल कीन देली। भरबीतन चलले हरवाही में त उनुका संग के संघतिया सब कहले उनुका मतारी से कि हँ हो हँ, अखेयान कइल जाई कि बैलन के खुर-खार से भरबीतन हमार कनास ना, खनास ना, कि हर-फार के हरका जनि लागे भरबीतन के।

चलल लोग भरबीतन के परिहथ पकड़ के हरवाही सिखावे, त पलट के भरबितने लगले बतावे कि हँइसे होई हरवाही, परिहथ प बइठ के, होंइसे होई हरवाही, हरिस प ओठंघ के।

ओही राहे जात रहे राजा के बरियात। बजनिया लोग बाजा बजावत रहन, बरतिया लोग नचनिया नचावत रहन। बरात जब गाँव के सोझा आइल, अचके बजनियन के जमात ठमक गइल, उन्हनी के अचके ठमकला से नचनियन के करिहाँव चमक गइल। त दुलहा के फूफा लोग जेकरा के पावल सेकरे प बमक गइल। बमक गइल त ओ लोग के बमकला प सटके वाला लोग सटक लेल, ओ लोग के बमकला के झटके वाला लोग झटक देल। बाकिर बजनिया लोग जब दूरे से देखावल कि देखऽ हो लोग तनी ओहर, कि कइसे एगो हर बा कि जोताता, बाकिर हरवाहा बा कि ओकर आता-ना-पाता; त सबकर ठमकल, चमकल, बमकल, सटकल, झटकल भुला गइल। अइसन अजगुत त आजु ले ना आँख के देखला में, ना कान के सुनला में...!

अइले जा भीरी त देखले जा कि बित्ता भ के भरबीतन परिहथ प बइठल। अतना चैन से, अतना चुपचाप, अइसन मगन-मन कि रीझ गइल सँउसे बरियात। दुलहा देखले कि जोड़ा-जामा पेन्हले, गहना-गुरिया गँथले दुलहा से फेर के आँख, बित्ता भर के भरबितना के निरेखे में लागल बा सँउसे बरियात त अगिया बैताल। कहले कि दंडब। केकरा के? एही भरबितना के। कवन गलती कइलस

महराज? त का त कि—राज-काज में अकाज। सजाय? त का त कि—बैलन के खोल लेल जाय!

एक त बरियात अपने मनबढ़ुअन के जमात, दोसरे राजा के बरियात। एक लीला के बाद, दुसरका लीला के जाग गइल आस। आस-पास के हरवाह अइले, कुछ बाँव-दहिन कइले त धसोर दियाइल। उन्हनी के पुरुब-पछिम गिरला प कवनो बरतिया मुस्काइल त कवनो खुल के हहाइल। बुढ़वा बरतियन के रोकत-रोकत में, नवहा बरतिया सब जोतल खेत हथियाँस देले, हरियर घोड़वाँस देले। बित्ता भर के भरबीतन के अलबत्ता, आस्ते उठाऽ के आर प धराइल, आ दुनो बैल उनुकर हँकाइल।

भरबीतन बाकिर, दुलहवा से एक बात, साथी-संघतियन के रोकला के बादो, हँसि-हेर कहले। कहले कि बैल लेके जइबऽ त जा, बाकिर दुलहिया तब ना पइबऽ।

के हमके रोकी?

कहले भरबीतन कि रोकी दुलहिनिया, रोकवइहें भरबीतन।

जे सुनल बरियतिहन गें से, हींक भ हँस लेल आ बैल लेके चल देल।

भरबीतन हाथ डोलावत घरे अइले। मतारी से सब बात एके साँस कहले आ ओही साँस कहले कि रजवा से जूझे हम जाइब। आपन कीनल आपन बैल, ओकरा घरे जाके ओकरा से छीनब जब तब्बे अब अपना घरे आइब। मतारी कहली कि ना। भरबीतन कहले कि हाँ। कहली मतारी कि ना त ना। कहले भरबीतन कि हाँ त हाँ। गाँव-घर से पुछाइल त भरबीतन के माई के करेजा दुखाइल कि अबकी बे उनुकर 'ना' में सबकर 'ना', भरबीतन के 'हाँ' में केहुओ के 'हाँ' ना!

आधा रात भइल त भरबीतन चुप्पे उठले, सींक के गाड़ी बनवले। गाड़ी में जोड़ा मूस जोतले, चुटकी भ जीरा लदले, आ घर भर के चुप्पे, गाँव भर के चुप्पे, चल देले रजवा से जूझे।

रस्ता में गोजर मिलले। ए भरबीतन, ए भरबीतन कहँवा चललऽ?

भरबीतन कहले कि 'सींकि के मोर आरी रे गाड़ी, जीरा लदले जातु हैं जी, मूस जोतले जातु हैं जी, चोर राजा बैल खोला, बैल छोरन जातु हैं जी'।

गोजर कहले कि रजवा के बरियात से धँगाऽ के, हमरा बचवा के डेढ़ गोड़ के जाने कहँवा बिगाऽ गइल। हमहूँ आ जाईं?

भरबीतन कहले कि 'आजा, बाजा, कान में समाऽ जा'। गोजर आ गइले, कुल-परिवार सहित्ते समाऽ गइले।

ओही राहे बिसतुइया-बीछी मिलले, हाड़ा-बिर्हिनी मिलले, साँप-साही मिलले, चूँटा-माटा मिलले। जे मिलल सेही पूछल कि भरबीतन, भरबीतन कहँवा चललऽ? जे पूछल सेही के बतवले कि 'सींकि के मोर आरी रे गाड़ी, जीरा लदले जातु हैं,

मूस जोतले जातु हैं, चोर राजा बैल खोला, बैल छोरन जातु हैं'। जेके बतवले सेही बतावल कि रजवा के बरियात के उखाड़-पछाड़ चाल से हमरो नुकसान, हमहूँ हलकान, कि हमहूँ आ जाईं? सबका से कहले भरबीतन कि 'आजा, बाजा, कान में समाऽ जा'। जेसे-जेसे कहले से आ गइल, कुल-परिवार सहित्ते समाऽ गइल।

ओही राहे बरत मिलले आग कि बरियतिहा-सब हमरा के सुनुगवलन स, बिना बुतवले चलि दिहलन स। ओही राहे बहत मिलले पानी कि हमरा में हाथ-गोड़ आपन पखरला के बाद, अपना खँखरला के दिहलन स डाल। उन्हनियो के कहला प कि हमहूँ आ जाईं, कहले भरबीतन कि 'आजा, बाजा, कान में समाऽ जा'। ऊहो लोग आ गइले, कुल-परिवार सहित्ते समाऽ गइले।

भाँवर परे के पहिलहीं, भरबीतन के गाड़ी राजा के दुआरी प हाजिर। राजा पुछले कि का बात? भरबीतन कहले कि बात अपना दमदा से बूझ ल, आ की त जवन बैल चोरवलस हमार, तहार दमाद आ सँउसे बरियात, तवन निमना मने फेर द, ना त आवऽ, एक तकड़ जूझ ल।

राजा, मोका के मुताबिक अपना खीस प काबू कइले, खींच-खाँच के मुस्कइले आ कहले कि अहो भरबीतन, भाँवर होखे द, होने हजार गो बैल हमार बान्हल बा, चीन्ह के आपन तू बीन ल, ले जा।

दुलहिन बाकिर, ठमक गइली। निसोठे मुँहे कहली कि बैल के चोर साथे भाँवर कइसन! अइसन त दुलहा के अइसन के तइसन!

राजा, अपना दुलहिन धिया के दिहल औचक एह घाव के सुहरावहूँ ना पइलन कि भरबीतन से सुनलन कि चीन्ह के ना लेब। कि बीन के ना लेब। कि छीन के लेब।

बेटी के बात से, राजा रिसियइले, भरबितना के सुनले त बेसह बिखियइले। कहले कि रे रे भरबितना तें, ले-दे के बस बित्ते भर के, बेटी के हमरा बियाह तें बिगड़ले। राजा के बरियात तनी कइबे कइलस घात त अइसन कवन बात! तनी भ अनेत-कुनेत त राज-रजवाड़ा-बड़कवा के सोभा ह...

कहले भरबीतन कि अइसन सोभा के...का कहली दुलहिन...हँ, अइसन के तइसन! अइसन कइसन कि केहू के आह, आ केहू के बियाह! रोआवले सोभा, रोआवहीं के सवख, त आवऽ, लड़ ल, बाँचऽ आ बाँचे, त भर हींक हँस ल, बिहँस ल...।

राजा कहले कि सींक के तोर गाड़ी, मूस तोर घोड़ा, जीरा असबाब, अपने तें बित्ते भर, त केकरा बले अतना तें फँउकत!

त हाँफत आइल, अब ले झाड़ में लुकाइल, कहली भरबीतन के माई, हाथ भर बढ़ के कि हमरा बले! त हाँफत आइल, अब ले झाड़ में लुकाइल, कहलस

भरबीतन के सँउसे गाँव, भाई-भउजाई आ बुतरूँ से नवहा से बूढ़-पुरनिया, तीन हाथ बढ़ के कि हमरा बले!

त कहले राजा कि हे हमार अंत्री-मंत्री-संत्री, सिपाही-दरोगा, फउज-फाटा, अबदा-लबदा, गोली-बनूक! बेटी के हमरा बियाह जे नसाइल, से त नसाइल, बाकिर, भरबितना सहित्ते, भरबितना के सँउसे ई गाँव, जब ले ना हमरा, गोड़ प गिर के लोटियाई, तब ले, रंचक ना चैन हमरा आई...

सुनते, मउज में आ गइल राजा के फउज। चुटकी भर बाटे भरबितना, चटकन भर बाटे भरबितना के गाँव। चलल सिपाही लोग निपट निचिंता, कुछ हाथ खजुआवत, कुछ खइनी मलियावत। साथ में लाग गइल सँउसे बरियात कि हमनियो के हाथ कुछ हो जाय साफ! भाँवर के मारल दुलहवा के एके अरदास कि सब के मारी सब, बाकिर भरबितना के हम!

एने फउज बढ़ल आगा, ओने धउरल दुलहिया कि देखब कि कइसे ई बैल-चोर दुलहा, भरबितना के छूई, छूई त भूँइ-कसम, हमरे कटारी से मूँई! धइली अँकवारी में उनके भरबीतन के माई, त अपने धउर गइले राजा कि दुनो के अलगाईं, बेटी बउराहिन के धकियाईं आ भरबितना के माई के लतियाईं...अपने धउरले जब राजा, त ठमक गइल फउज कि कइसे भला जाईं जा राजा के आगा!

ठमक गइल फउज, आ देखले राजा कि माँह-मैदान में हमहीं अकेल, त दन्न दे भइले किनारे, आ लगले लहराऽ-लहराऽ के ललकारे।

ललकरले त उनुकर फउज आपन ठोंकल-पीटल खैनी अभी फाँके-फाँके तले त भरबीतन धउरवले मूस, अइले अपना गाँव भ के बुतरूँ से बूढ़-जवान के आगा। माथा में बन्हले मुरेठा आ कम्मर में फेंटा। कहले कि गोजर बाहर...। बीछी-बिसतुइया बाहर...। हाड़ा-बिढ़नी बाहर...। साँप-साही बाहर...। चूँटा-माटा बाहर...। तोहनी के हो जाय काम त आग बाहर...आग के हो जाय काम त पानी बाहर...।

सुनले जब राजा त हँसे-हँसे भइले, बाकिर जब देखले त हाय राम, रोअलो ना जाय! गोजर के धउरा-धउरी आ आपन गौं ताकत, चुप्प चाल तउलत बिसतुइया। बीछी जहाँ लउकल तहाँ लउकल, जहाँ ना लउकल तहाँ अउर जोर लउकल। हन्न-हन्न हाड़ा आ बन्न-बन्न बिर्हिनी। साँप के सरकल आ साही के फरकल। चूँटा के लाइन आ माटा छितराइल। आ देखले कि फउज के सब-सब सिपाही—एहर भागीं कि ओहर...केहर भागीं, पराईं...! त एकरा पहिले कि नजर तर आवे, आग के कहर आ पानी के लहर, राजा, दूनो हाथे, दूनो बैल के पगहा पकड़ के, माथा नववले, भरबीतन से कहले कि बबुआ भरबीतन बकस द। सुनते भरबीतन के भइल जैजैकार। सुनते जैकार, भरबीतन के माई के अहँकल छूटल। अहँकल छूटल त

भरबीतन दू हाथ बढ़ गइले ऊपर। देखली भरबीतन के दू हाथ ऊपर त भरबीतन के माई के डहकल छूटल। डहकल छूटल त भरबीतन बढ़ गइले ऊपर हाथ भ आउर। आधा हाथ आउर जवन बाँचल, तवन दुलहिन, कनखी से तकली, जसहीं भरबीतन के, तसहीं बढ़ियाइल। मनई जतना होला, हाथ से साढ़े तीन हाथ, तवना से एक बित्ता अधिका भरबितना!

जयमाल पहिरावे खातिर दुलहिन के चावा प होखे परल ठाढ़! तब एक देने से राजा भइले, एक देने से भरबीतन के माई भइली दुलहिन के मददगार।

बड़गाँवा के भागवत

बड़गाँवा में जे, से बड़कवा। जेहर ताकऽ ओहर बड़कवे-बड़कवा। कद में, पद में, मद में। दरब में, लरब में, सरब में। त एक दिन भइल कि सब त भइल बड़गाँवा में, भागवत ना भइल। त भइल कि हो जाय।

पंडित जोहाय लागल। जवना पंडित के कहाय कि बड़गाँवा के बड़कवन के भागवत सुनावे के बा, ऊहे बेराम परि जाय। जेकरा से कहाय ओकरे समधियान में सूतक लगि जाय। जेकरा से कहाय ऊहे अपना के अब्बर-दुब्बर पंडित बतावे, जब्बर के नाँव प अपना दुश्मन पंडित के घर तकावे लागे। के जाय बड़गाँवा, जहाँ जेहर देखऽ बड़कवे-बड़कवा।

त बड़गाँवा-ओर से कहाइल कि जे भागवत सुनाई से सोने-रूपे लदाई। ऊ बैलगाड़ी प खाली बोरा लाद के आई आ बैलगाड़िन प भरल बोरा लाद के जाई।

पंडित त केहू तब्बो तइयार ना भइल, बाकिर पंडिताइन एगो तइयार हो गइली कि हमार वलू पंडीजी जइहें। एक जनी तइयार भइली त एक ज़नी अउरी तइयार भइली आ एक जनी अउरी तइयार भइली त एक जनी अउरी तइयार भइली आ अउरियो अउरी-अउरी तइयार हो गइली।

त बड़गाँवा के तरफ से कहावा आइल कि जवन दियाई तवन पुनाहुते के दिने दिआई। जेकरा आपन बैल होखे, आपन गाड़ी होखे, आपन बोरा होखे ऊहे भागवत सुनावे के नेवता सँकारे।

त जेकरा किहें आपन बैल रहे, आपन गाड़ी, आपन बोरा, ऊहे सँकरले। ऊहे बड़गाँवा पधरले। नहा-धो के भागवत सुनावे बइठले त देखले कि सोझा बड़गाँवा के एक्के बड़कवा! सोचले कि आउर बड़कवा आ जायँ त भागवत सुनावल जाय।

त बड़कवा कहले कि हे पंडित, जे हईं से हमहीं हईं। केहू के राह निहारे के जरूरत नइखे, भागवत शुरू कइल जाय।

पंडित जी के कहाँ बेंवत कि ना-नुकुर करें, भागवत शुरू कइले। आगे बढ़वले। बढ़त-बढ़त गइले कुछ आगे तले दूसर बड़कवा पधरले। कहले कि हे पंडित, शुरू से सुनावऽ।

पनाह माँगत पंडित पहिलका बड़कवा के तकले। पहिलका बड़कवा कहले कि हे पंडित, जवन बड़कवा जवन कहे तवने मानऽ।

त पंडित जी शुरू से शुरू कइले। आगे बढ़वले। बढ़त-बढ़त गइले कुछ आगे तले तिसरका बड़कवा अइले। कहले कि हे पंडित, शुरू से सुनावऽ...।

जब एगरहँवा बड़कवा अइले, त सतवाँ बड़कवा के सुतवाँस लागल, ऊ सुत्ते चलि गइले। एक झपकी लेके लवटले, तेइसवाँ बड़कवा के अइला के बाद। कहले कि जहँवा से हम गइल थे सुतवाँस में, हे पंडित, तहें से सुनाइए...।

बड़गाँवा के भागवत जारी बा। जवना दिने पुनाहुत होई, रउरो से निहोरा बा कि अवसि-अवसि आईं। परसादी पाईं। पंडित जी के दछिना के बोरवन के भरवावे में, गाड़ी पर लदवावे में, रउरो कुछ होखीं सहाय। धरम के बात बा भाय, कुछ पंडित जी कमायँ, कुछ बड़कवा कमायँ, त आपके केहू रोकले बा थोरे, कुछ आपो कमायँ...!

सियार हुसियार

जंगल में जनावर त बाद में, पहिले त फेंड़, एहरो फेंड़, ओहरो फेंड़, जेहर देखऽ फेंड़े-फेंड़। ओही फेंड़वन में पाकड़ क एगो बड़ा भारी फेंड़ रहल, फेंड़वा प चिरइन के खोंता रहल। खोंतवन में से एगो खोंता में, चिरइयन में से एगो चिरई तीन गो अंडा देहलेस, अंडा फूटल, तीन गो चेंव-चेंव बच्चा निकरलैं। चिरइया एहर जाय, ओहर जाय, दाना-चारा चुग-चाग लइ आवे, बचवन के खियावे, जियावे।

एगो सियार, जनमे के हुसियार, चिरई क कुलि आवा-जाही लखत रहल, बूझ गयल कि चिरइया क खोंता में चिरई क बच्चा बाटैं, अबे अँखफोर नाइँ भयल बाटैं, उड़े-फुरे के बेंवत अभिन ओनहन में नाइँ बाय।

खिच्चा मांस क सवाद क आस। सियरा अपना घात में पाकड़ क फेंड़ तर धरना देइ बइठि गयल। चिरइया देखलेस सियरा क बइठल, त बड़ा घबरायल। सियरा देखलेस चिरइया क घबरायल त ओंके बड़ा मजा आयल। सोचलेरा कि चिरइया क बचवन क मांस त जब्बे झपट्टा मारब तब्बे पा जाब, उड़े-फुरे त पइहें ना, चिरइया क घबरइले क मजा त पहिलवे पाउब त पाउब, बचवन के खइला के बाद त पाउब ना!

त पोंछ क बले बइठि गयल, गरदन तान के मूँड़ ऊपर कइलेस आ चिरइया से कहलेस कि—

ए चिरई ए चिरई, सुनलू कि नाईं
मोरा सुघराई प सुनावऽ चउपाई

सुन के चिरइया के एड़ी से मूँड़ी ले लहरि गयल। सोचलेस कि कुछ बाँव-दहिन बोलब त सियरा के रीस होई, खीस होई, हम त उड़ि जाब, बचवन प बीती। त मीठे मुँहे कहलेस कि—

सोने के चउतरा, रूपे छावल बा
दूनो काने कुंडल महंथ बइठल बा

सुनलेस सियरा त अगराऽ गयल कि हमरा सोने क चउतरा, हमरा रूपे क छत्तर, हमरा दूनो काने कुंडल, हम बइठल महंथ! दुचार बेर गवाऽ के सुनलेस, फेरु सोचलेस कि काल्हु एक बेर आउर सुन के तब खाब चिरइया क बचवन क मांस।

रोजे आवे, रोज गवावे, रोजे सोचे कि काल्हु एक बेर आउर सुन के तब खाब चिरइया क बचवन क मांस। एही बीचे चिरई क बचवा अँखफोर भइनै, उड़े-फुरे सीख गइनै। तवना के बाद जब अइनै सियार, पोंछ के बले बइठ के, गरदन तान के, उठाऽ के मूँड़, कहनै कि—

ए चिरई ए चिरई सुनलू कि नाईं
मोरा सुघराई प सुनावऽ चउपाई

त एक नाइँ, चार चिरई मिल के सुनवनै चउपाई—

माटी के चउतरा, पत्तल छावल बा
दूनो काने घोंघा, सियरवा बइठल बा

खीसी भूत भइल सियरवा मरलेस झपट्टा, गावते गावत चिरई आ चिरई के बच्चा हे जा, हो जा...।

कथा गयल बन में, सोचऽ अपना मन में।

चिरइया-ओर से सोचऽ त सोचाई कुछ आउर, सियरवा-ओर से सोचऽ त सोचाई कुछ आउर। चिरइया-ओर से सोचऽ त सोचाई कि 'जरूरत प गदहो के कहे परे बाप', सियरवा-ओर से सोचऽ त सोचाई कि 'काल्हु करै सो आज'!

कहनिहार के का, ऊ त कही कि 'बनल रहे बड़ाई, बनल रहे बड़ाई बतियावे के लूर, बनल रहे बड़ाई पगुरावे के लुफुत'।

बाकिर, कुफुत त ई कि कहनिहार कह त देई, बाकिर, जरूरी ई नाइँ कि जौन ऊ कही, सुननिहार तौन सब-के-सब सुन लेई, जस-के-तस सह लेई! धरती-आकाश, कहीं से उठाई सवाल आ सोझा पटक देई कि कइसन तहार ई सियार, कवना बात के हुसियार?

पाकड़ के जड़ में, देर ले थूथुन रगर के, सियरा जब हार के, थाक के, जात रहल माँद में, ईहे बात कहलेस कउअवा कि राम-राम-राम, कइसन तू सियार, कवना बात के हुसियार!

सियरवा कटि के रहि गयल, बोलत का! सुनलेस आ सहि गयल। माँद में पहुँचल, त सियारिन, सब काम छोड़ के सियरा के सुँघलिन मुँह आ कहलिन कि हुँह।

सियरा पुछलेस कि काहे सुँघलू मुँह आ काहे कइलू हुँह?

कहलिन कि हे हो, भोरे तू एहर से गइलऽ, ओहर से आ गइले कउआ। बतउनै कि हो भउजी, चिरई के बचवन के खिच्चा मांस के फेरा में, कहिए से बाटन सियरवा भइया, अपने खइहें त तोरो के खियइहें, त तनी-मनी हमरो बदे बचइहे। त कहलीं कि हमसे त कुच्छो ना कब्बो बतउनै।

त कहलेस कि से मत कि अपने खा जायँ, न तोह के खियावें ना हम के मिल पावे। त कहलीं कि अइसन जो करिहें त जान से जइहें। ओही से सुँघली हम मुँह, ना लागल सूँघ त ओही से कइलीं हम हुँह।

मुँह बा के पुछनै सियार कि पइतू जो सूँघ त का करितू ए हमरा ससुरू के बेटी? कहली कि तब, सुतले में फोर देइत तोहर नरेटी!

सुनत के साथ, सियार धउरल गइनै कउअवा के पास कि सुन ल, सुन ल ए कउआ के जात कि कइसन सियार हम, कतना हुसियार! कि एक त बचवलीं हम चिरई क बचवन क जान आ दुसरे आपन, आ तिसरे कि ए कउआ राम, सोचले जे रहलऽ कि सस्ते में मिल जाई सियरा के मांस, तवनो के तूर तोर दिहलीं कुआस, अइसन सियार हम, अतना हुसियार!

त हँसनै कउआ कि क हो सियार, ई कयल हुसियारी कि भयल हुसियारी?

त हँसनै सियार कि चाहे ई कयल हुसियारी, चाहे ई भयल हुसियारी, तहार त सरऊ, गयल हुसियारी!

लोकनाट्य

भोजपुरी लोकनाटकों में रामलीला, रासलीला के अलावा बिदेसिया, नकटा (जलुआ) जैसे नाट्यरूप प्रचलित रहे हैं। भिखारी ठाकुर ने अपने नाटकों में लोकनाट्य की वस्तु से लेकर शैली तक का रचनात्मक समावेश किया है। गाँवों में विभिन्न अवसरों पर किसी लोकविश्वास या लोककथा या गाँव की ही किसी घटना और पात्रों को लेकर नाटक खेलने की एक परिपाटी रही है। इसका कोई लिखित रूप नहीं होता। प्रतिभाशाली कलाकार हाथ-के-हाथ अपनी हरकतें और अपने संवाद तय कर लेते हैं। संयोग से प्रेमचन्द ने अपने कुछ उपन्यासों में इसकी बानगी प्रस्तुत की है। कहने की जरूरत नहीं है कि प्रेमचन्द के उपन्यासों और कहानियों में आया ग्रामीण परिवेश मूल रूप से भोजपुरी भाषा-भूगोल का ही है। उनके होरी, धनिया, मनोहर, कादिर, अलगू, जुम्मन की बातचीत की अपनी भाषा भोजपुरी है, जिसे प्रेमचन्द ने उर्दू-हिन्दी में दर्ज किया है। यहाँ उनके उपन्यास 'प्रेमाश्रम' से खड़ी बोली हिन्दी में दर्ज एक भोजपुरी नाटक को भोजपुरी में दर्ज करते हुए प्रस्तुत किया गया है।

अन्तिम यात्रा में 'राम नाम सत्य है' कहते चलते हैं। 'राम नाम सत्य है' के तुक में ही कभी-कभी एक और बात कहते हैं—'मुँअला में गत है'। मृत्यु में ही गति है—ऐसा कैसे? यह लोकनाटक इस प्रश्न का भी एक उत्तर है।

मुँअला में गत है

झलक-1

राजा—हाय रे हाय! बैद लोग जबाब दे दिहनैं, हकीमो लोग मुंडी डोलाय दिहनैं आ डक्टरवो सब टाँय-टाँय फिस्स...कवनो सरवा से रोग ना चिन्हायल! सब के सब लुटेरा...। अब जिनगानी के कवनो भरोसा ना। सगरी राजपाट छूटल जात हौ। हमरे बाद, के जाने का बीती हमरे परजा प! राजकुमार अभिन अल्हड़ नादान! ओनके

संगत खराब। खेतिहर-मजूरन से मेल राखैनऽ! ओनहने के पाछा सरकरियो अदमिन से रार ठानल करैनऽ। जवना रोगिन क परछँहियो छुए से डक्टर तक थरथरायँ, तवननो के दवा-दारू, सेवा-टहल करत फिरैनऽ। अइसन ओन बँउचट कि ना ओनकै अपना जान के कवनो परवाह, ना धन-सम्पत के जरिको कवनो मोह! ऊ अतना बड़ राजपाट कइसे सम्हारे पइहैं! अनेतिहन के कइसे सजाय दिहैं? हाय रे हमार रानी पियारी! अभिन महिन्ने भर भयल उनुका से बियाह कइले, हमरा बाद कइसे जीए पइहैं! के ओनसे परेम करी! हाय रे हाय...!

रानी—अरे हमार सामी जी, हम त एह सोग में मरिए जाब! (मने-मने) ई उज्जर सन मतिन बार, ई चुसाइल आम मतिन मुखड़ा भला कहाँ देखे पाउब! (सामने) केकरा के कोरा में लेब? केकरा से ठुनुकब! केकरा से जोहब मनावन! हाय रे, आप ना बचिहैं त हमहूँ के बचे के कवनो उपाय ना बची!

(राजा के साँस उखड़ि जात हौ, आँख पथराऽ जात हौ, नाड़ी छूट जात हौ। रानी छाती पीट के रोअत। दरबार में हाहाकार।)

(राजा के कान में आकाशवाणी)—हम तोहके घंटा भ के मोहलत देत हईं। अतना देर में अगर तीन आदमी तहरा अइसन मिल जाय जे मन से चाहे कि तू जी जा, त तोहके हम जियाइए ना देइब, अम्मर कइ देइब।

(सुनते के साथ राजा सचेत। चेहरा प जीवन-जोत। ओठ पर अटूट मुस्कान।)

राजा—(मने-मने) अब त अम्मर हम हो गइलीं, अकंटक करब राज आ अपना सब-सब दुश्मन के नाश। हमरा राज में अइसन भला के, जे मन से ना चाहे कि हम जीहीं, जियते रहीं! तीन के के कहै, हमरा खातिर त कहत कहीं कि दम-के-दम तीन लाख मनई निकल अइहैं...।

झलक-2

(राजा आम आदमी के भेख में)

राजा—(मने-मने) समय कम बा। जल्दी-से-जल्दी अइसन तीन मनई किहें चले के चाहीं, जे एकदम से हमार भक्त रहै। त पहिले सेठ जी किहें चलीं। ऊ परोपकार के कुल्हि काम में हमार सहाय रहनैं। कतने बेर हम ओनकै जान बचवले बाटीं, कतने तरह से ओनके लाभ करवले बाटीं। ल, आइ गयल ओनकै कोठी। (सामने) सेठ जी, सेठ जी, तनिक बाहर आवैं...।

सेठ—का हौ? एतना रात गइले तोहके कवन काम आ गयल?

राजा—कुछऊ नाइँ, बस अपने राजा क जस गाके ओनकै अतमा क शान्ति देबै चाहत हईं। अहा, कइसन धरमतमा, अपना परजा क कतना चहेता पुरुख रहैं! ओनकै परलोक पधरले सगरी देश में अन्हार पसरि गयल। पवनी-परजा के त ऊ कबो बिसरबे ना करिहैं। आपसे त ओनकै बड़ी पटरी रहै, आपके त हमरियो से जादे दुख होत होई...

सेठ—हमके ओनके राज में कवन सुख रहै कि अब दुख होई! मरि गइनैं, नीके भयल। ओनहीं के चलते लाखन रुपइया सधुअवन के पंगत करावे में बरबाद होत रहल...

राजा (मने-मने)--हाय रे! ए सेठवा प हमके कतना भरोसा रहल! ई हमरा एक इसारा प लाखन रुपया दान क देत रहल। साँचे कहल हौ कि सेठ-साहूकार केहू के मीत ना होत। हम जनम भ एकरे साथे रहलीं, बाकिर एके चीन्ह न पउलीं। अब चलीं अपना मंत्री किहें। ऊ हमार बड़ा वफादार, भक्त ऊ हमार, बड़ा भलमानुस। बड़-बड़ बेवहार रहल हमार ओकरे साथ। ई ओकर महल आ गयल। बुला दरबार से आवत ह...(सामने) मंत्री जी, जनात हौ कि दरबारे से चलल आवत हउऐं आप, दरबार में एखन त बड़ा सोग मनावल जात होई! काहे ना, एतना धरमी राजा के मरले जतने सोग कयल जाय, कमे हौ। अब फेरु कवनो अइसन महान राजा त एह धरा-धाम प होवे ना पाई! आपके त बहुते दुख होत होई?

मंत्री—हमके ओनसे कवन सुख मिलत रहल कि अब दुख होई! मर गइनै नीके भयल। ओनके मारे साँसो लेबे के फुरसत ना मिलत रहै। परजा के पाछे अपने त मरते रहैं, हमहूँ के मारत रहत रहैं। रात-दिन कमर कस के खड़ा रहे परत रहै।

राजा (मने-मने)—हाय! ई हमार परम हितैषी सेवक, ईहो धोखा दे देहलेस! आँख का मुनायल हमार, सगरी संसार हमार बैरी हो गयल! ऊहो, जे हमरा जियत जिनिगी जहाँ हमार पसेना गिरै तहाँ आपन लोहू बहावे बदे तइयार रहत रहै! तिनियो मनई अइसन नाइँ देखात जिनके हमार जीयल पसन्द होय! जब ई दूनो आपन होके निकल गइनै त आन से कवन आस! अब रानी किहें चलत हईं। ऊ सती-सावित्री। उनके जतने सखी-सलेहर सेहू सब हमरा प जान देबेलिन। उहाँ हमार मंशा जरूर पुराई। बस राजभवन पहुँचला के देर हौ...ल, ऊहो आइए गयल...रानी अकेल, मन मार के सोग में बइठल हइन...(सामने) महारानी जी, अब धीरज से काम लेवें, आपके पतिदेव त अतना प्रतापी रहलैं कि सँउसे संसार के सब-सब लोग जुग-जुग ओनके जस गइहैं, ऊ त मरियो के अम्मर हो गइनैं...।

रानी—अम्मर ना जे पत्थल...ओनसे संसार के चाहे जवन सुख मिलल होय, हमके त कवनो सुख नाइँ मिलल। हमके त उनके साथे बइठहूँ में लाज लगै, हम

ओनके कवन जस गाईं! हम त ओही दिन राँड़ हो गइलीं, जवना दिने ओनसे बियाह भयल। ऊ जीयत रहैं तब्बो राँड़े रहलीं, मरि गइले तब त राँड़ हइए हईं! तनी देखऽ त, कुँवर साहेब के, कइसन सजीला जवान हउअन, बाँका-छबीला...हमरा लायक ई रहनै कि ऊ खूसट बुढ़वा, जवना के मुँह में दाँतो ना रहल...!

(सुनते के साथ राजा के ऊपर के साँस ऊपर...होश गँवा के धरती प धड़ाम।)

भोजपुरी भाषान्तर भोजपुरी-हिन्दी के सिद्ध कवि श्री होरीलाल 'अशान्त' (गाँव-भोंड़ा, सिकरौर, जिला-वाराणसी) और अंग्रेजी भाषा-साहित्य के अध्येता श्री सुदेश सिंह (गाँव-ओदार, जिला-वाराणसी) के सहयोग से।

लोकगाथा

लोरिकी

'लोरिकी' या 'लोरिकायन' अत्यन्त विस्तृत लोकगाथा है। इसमें लोरिक के बड़े भाई सँवरू के विवाह तथा लोरिक और मंजरी, लोरिक और चनवा तथा लोरिक और जमुनी के प्रेम और विवाह की गाथा है। लोरिक वीर नायक है और दुष्ट-दलन ही उसके जीवन का उद्देश्य है। प्रस्तुत अंश तब का है जब लोरिक और चनवा भागकर 'हरदी' जा रहे हैं। सारंगपुर पहुँचने पर उनका पाला वहाँ के जुआरियों से पड़ा। महीपत नामक जुआरी और उसके साथियों ने बेईमानी से लोरिक के सब कुछ को जीत लिया, यहाँ तक कि चनवा को भी। लेकिन चनवा ने चालाकी से काम लिया, उसने भी जुआ खेलने का प्रस्ताव रखा, हारा हुआ सब कुछ जीत लिया, यहाँ तक कि सारंगपुर गाँव भी। तब जुआरी मार-पीट पर उतर आए, लेकिन इस विधा में वे लोरिक से कहाँ पार पाते!

चनवाँ के लेके लोरिक हरदिया के जाले बजार
दिन राती रहिया धइले मंजीलिया तूरत जाय
आइके पहुँचले बगसर हेल गइले दरिआव
धइले सड़किया सदर हरदिया के चली जात
एही रे सड़किया प एक बसत बा सारंगपुर गाँव
जवना सारंगपुर में बाटे महीपतिया हो जुआर
सुघरी चनवाँ के उहाँ मयदनवा में बइठाय
अपने त जुआ खेले महिपत के संग जाय
दाँव पर धइले लोरिक सोनवा के जाइपेटार
धरेला महिपतिया दाँव पर सारंगपुर गाँव
थपरी बजा के जुआड़ी दिहले लोरिक के उलू बनाय

सब धन हरके बाँचल चनवाँ रहली हाय
सेकरो के धरि दिहले दाँव पर चनवाँ के लगाय
तब फेरु धरे महीपति सारंगपुर हो गाँव
बड़े त खुशी से महीपति पासा लेला उठाय
मारेला घिरनी नचा के परिच से लगी लगाय
तब उहाँ गइल अकिल लोरिक के हेराय
मने मने चनवाँ अपना करेले हो विचार
करिके चानवाँ मन ही में कहती बाय
अबहीं त एक दाँव हमरा बाँचल असबाब
एक दाँव के बाँचल बाटे गहनवा हमार
एक हाथ महीपती खेलऽ जुआ हमारा साथ
पासा लेके हाथ में महिपति सुमिरेला पुजमान
दाँव पर बइठि के चनवाँ सारदा के धरे ध्यान
सबही निहार तारे चनवाँ के सुरतिया
पास त फेंके जहाँ महीपतिया बनाय
नाचल पासा गिरे तेरहवें पर जाय
दाँव त बटोरि के चनवाँ थपरी देले बजाय
सब कुछ जीति के जितलसि सारंगपुर गाँव
हाथ जोरि के चनवाँ लोरिक से कहती बाय
कहेले जे सुनऽ ए सइयाँ कहनवा मानऽ हमार
डेरा अब कबार इहाँ से हरदिया के धरऽ राह
तब उहाँ महीपतिया जुआरिन से कहे सुनाय
कहेला जे सुनऽ ए जुआरी कहल हमार
जीतल तिवई ले आवऽ अब मोरा पास
तिवई के सूरत भइया तेजली नाहीं जाय
हमरा नजरी से नाहीं सूरत बिसरत बाय
जइसे हारे तइसे ले आव मोरा पास
होखे लागल मारपीट उहँवा लोरिक संगे साथ
सवापहर उहवाँ लोरिक बजवले हथियार
सब त जुआड़ी के मारी के गरदा दिहले मिलाय।

बाबू कुँवर सिंह

बाबू कुँवर सिंह 1857 के स्वतंत्रता-संग्राम के अप्रतिम योद्धा थे। अस्सी वर्ष की वृद्धावस्था में उन्होंने अपने अद्भुत पराक्रम से अंग्रेजों के दाँत खट्टे कर दिए। उन्होंने रक्षात्मक के बजाय प्रहारात्मक युद्ध का ढंग अपनाया और अनेक लड़ाइयों में विजय हासिल की। भोजपुरी लोक ने अपने इस वीर नायक को लेकर गाथा-गायन की परम्परा कायम की। इस लोकगाथा के प्रस्तुत अंशों में से पहले में उनका परिचय और तब देश की स्थिति का वर्णन है। दूसरे अंश में पटना के कमिश्नर टेलर के परवाने और उसके अत्याचार से त्रस्त जनता की पुकार पर कुँवर सिंह की प्रतिक्रिया का जिक्र है। कुँवर सिंह ने आधी रात को दानापुर पर भीषण आक्रमण किया जिससे अंग्रेज सेना को मैदान छोड़कर भागना पड़ा।

रामा सुनीं सब धरि के धयनवा रे ना
रामा बाबू कुँवर सिंह के हवलवा रे ना
रामा जतिया के रहले उजैनत्रा रे ना
रामा घर रहे जगदीशपुर नगरवा रे ना
रामा आरा जिला हवे शाहाबदवा रे ना
रामा जानऽतारे दुनिया जहनवा रे ना
रामा कुँवर सिंह के रहले छोटका भइया रे ना
रामा नाम उन्हकर बाबू अमर सिंहवा रे ना
रामा राजा भोज कर रहले बंसवा रे ना
रामा ऊँच कुल ऊँच खनदनवा रे ना
रामा रहले इहो त राजघरनवा रे ना
रामा नगर उजैन के बसिनवा रे ना
रामा आइकर पुरुख पुरनिया रे ना
रामा भोजपुर में कइले रजधनिया रे ना
रामा उहँवे से फैली चारु ओरिया रे ना
रामा गाँवाँ गाई कइले रजधनियाँ रे ना
रामा बढ़ि गइले बंश त उजैनवा रे ना
रामा लिहले बसाइ त नगरवा रे ना
रामा कुँवर सिंह के राज त महलवा रे ना
रामा रहे जगदीशपुर नगरवा रे ना

रामा नगर के चारु ओरिया रे ना
रामा बड़ा भारी रहे बिकट बनवा रे ना
रामा रहत जनावर अजगरवा रे ना
रामा बालेपन से बाबू कुँवर सिंहवा रे ना
रामा खेले जात नितही शिकरवा रे ना
रामा रहे उनकर अजब निशनवा रे ना
रामा खाली नाहीं जात एको बारवा रे ना
रामा गोला गोली रोज तो कटरवा रे ना
राम इहे रहे उनकर खेलवनवा रे ना
रामा एही विधि बीते खुशी दिनवा रे ना
रामा अब सुनीं आगे के हवलवा रे ना
रामा खेल कूद में बीते बालेपनवा रे ना
रामा बीतल जवानो राजकजवा रे ना
रामा पहुँची गइले भाई चौथेपनवा रे ना
रामा भइले अस्सी बरस के उमरवा रे ना
रामा एही समय आई के तुफनवा रे ना
रामा देशवा में उठल गदरवा रे ना
रामा सुनि लेहू तेकर हवलवा रे ना
रामा देशवा में भइल जो तुफनवा रे ना
रामा सन् सत्तावन के उहे सलवा रे ना
रामा बड़ा भारी भइल गदरवा रे ना
रामा देसवा बंगाले के मुलुकवा रे ना
रामा बैरकपुर बाटे एक नगरवा रे ना
रामा उहँवे से उठल बिरोधनवा रे ना
रामा आगी लगल चारु मुलुकवा रे ना
रामा अइसन जे उठल लहरवा रे ना
रामा कोने कोने तक भइल शोरवा रे ना
रामा भइले फिरंगी त फिरन्टवा रे ना
रामा मार काट करत अपरवा रे ना
रामा भइल त भारी हुलड़वा रे ना
रामा दिल्ली मेरठ तक के लोगवा रे ना
रामा काशी लखनऊ परेयागवा रे ना

रामा ग्वालियर तक भइले बलवा रे ना
रामा उठे बलवा ई चारू ओरवा रे ना
रामा सुनि कर सकल हवलवा रे ना
रामा रानी भइली झाँसी क तैयरवा रे ना

× × ×

रामा आगे कर कहींले हवालवा रे ना
रामा पटना के टेलर कमिश्नरवा रे ना
रामा कुँवर सिंह के भेजले परवनवा रे ना
रामा भइल उनका मुंशी के तलशवा रे ना
रामा सोचे तब कुँवर सिंह मनवा रे ना
रामा भइले फिरंगी दगाबजवा रे ना
रामा इनकर ना बा तनी बिसवसवा रे ना
रामा करत रहले कुँवर सिंह बिचरवा रे ना
रामा ताहि समय आइ कर लोगवा रे ना
रामा दानापुर से पहुँचे उनके पसवा रे ना
रामा हाथ जोरि करि के अरजवा रे ना
रामा कहे लगले मधुरे बचनवा रे ना
रामा कहेले जे सुनीं सरकरवा रे ना
रामा आपही के बाड़े अब आसवा रे ना
रामा बड़ा भारी भइल आफतवा रे ना
रामा भइले फिरंगी दुशमनवा रे ना
रामा नाहके फाँसी आ जेहलवा रे ना
रामा देत बाड़े कहिके हवालवा रे ना
रामा सुनिकर इतना बचनवा रे ना
रामा गरजि के उठे कुँवर सिंहवा रे ना
रामा तुरते भइले तैयरवा रे ना
रामा जायके लड़ाई मयदनवा रे ना
रामा चलि भइले कुँवर सिंह संगवा रे ना
रामा जाइ पहुँचे दानापुर मोकमवा रे ना
रामा आधी रात गंगा के किनरवा रे ना
रामा भइल लड़ाई बड़े जोरवा रे ना
रामा ले के महाबीर जी के नमवा रे ना

रामा झुकि परले देशी त सयनवा रे ना
रामा एकदम गोरा के उपरवा रे ना
रामा रतिया रहल निसबदवा रे ना
रामा चारू ओर रहल सनटवा रे ना
रामा सुनल नगर के लोगवा रे ना
रामा सगरे रहल सुनसनवा रे ना
रामा अइसन बेरा के समइया रे ना
रामा होखे लागल कठिन लड़इया रे ना
रामा छूटे लागल बन्दूकवा रे ना
रामा सुनिके बन्दूक अवजिया रे ना
रामा लागल तराही चारु ओरिया रे ना
रामा काँपि उठल सगरे नगरिया रे ना
रामा कहीं का वो घरीकर हलिया रे ना
रामा देहिया के सुखि गइल परनवा रे ना
रामा लेईं कर निजनिज जानवा रे ना
रामा घर छोड़ि भागे सब बहरवा रे ना
रामा करन लगले बालक रोदनवा रे ना
रामा भइल भगाहट चारू ओरवा रे ना
रामा जहँवा जे पावे आपन मोकवा रे ना
रामा रहे से छिपाइ देखि अड़वा रे ना
रामा अइसन देहात कर हलिया रे ना
रामा गंगा तीर होखत लड़इया रे ना
रामा दानापुर में रहल छवनिया रे ना
रामा बिगड़ गइले सबही सिपहिया रे ना
रामा होखे लागल जोर से लड़इया रे ना
रामा गोरा भागे छोड़ि मयदनवा रे ना

लोकोक्ति

- साधे समहुत सधे पुनाहुत।
- अगहन दूना पूस सवाई माघ मासे घरहूँ से जाई।
- कंक गइले कंक किहाँ, एक जने हाथ पसरले, एक जने दाँत चियरले।
- का बकुला अब लवलऽ दीठ, बहुतन जाल रगरलीं पीठ।
- घर में खरची ना, डेवढ़ी प ढेंकार।
- आई त आम, जाई त ढेला।
- ई काम कब होई? अन्हारी पुरनवासी के!
- गुड़ खाय के, कान छेदावे के!
- ई बजार केकर? लेबे-देबे सेकर।
- उछरे कूदे तूरे तान, सेकर दुनिया राखे मान।
- जहाँ गाछ ना बिरीछ तहाँ रेंड़ परधान।
- चलऽ बहुरिया साँस ल, ढेंकी छोड़ऽ जाँत ल।
- काहे चलेलऽ उतान? हमार भाई पहलवान!
- उधार के बाप तगादा।
- उधियाइल सतुआ पितरन के दान।
- ऊधो के टोपी माधो के माथे।
- करनी में अस-तस, पगुरी में रस।
- केकर-केकर राखीं नाँव, कमरी ओढ़ले सँउसे गाँव।
- कतनो चिरई उड़े अकासा, तजे न कबो पिरिथिया आसा।
- केहू के मुँअल हाथी, केहू के फूटल हाँड़ी
  केहू कहल कि करिए प गरह बा।
- काम के नामे ना, घरइतिन के बिसरामे ना।
- चिरई के जान जाय लइका के खेलवना।
- खेल खेलाड़ी के, पइसा मदारी के।

- गतंत के सोचंत का!
- गदहा गावे, ऊँट सराहे।
- गरम लोहा ललाला, ठंडा लोहा से कटाला।
- खाब जो त गेहूँ ना त रहि जाब एहूँ।
- लब-लब के घानी, आधा तेल आधा पानी।
- चरगोड़ा बन्हाला, दुगोड़ा ना बन्हाय।
- चलनी में दूध दूहे, करमे के दूसे।
- उनुका अइले सुख, इनिका गइले सुख।
- सूतल जागे, जागल जगवले ना जागे।
- जब बिगड़े त सुघरी बिगड़े, फुहरी कबो कहाँ बिगड़े!
- अबरा के मउगी सबकर भउजी।
- जबरा मारे, रोअहूँ न देय।
- जाड़ कहे हम तूरब हाड़, आग करे थरहरिया।
- काठ छिलले चीकन, बात छिलले रूखर।
- दरबे से सरबे, चहबे से करबे।
- पइसा न कउड़ी, बीच बजार में धउरा-धउरी।
- जे खात में लजाई से अँचवत में पछताई।
- सात-पाँच के लाठी, एक के बोझा।
- जवने रोगिया के भावे, तवने बैदा फरमावै।
- ठाँवे काजर, कुठाँवे कारिख।
- तूहूँ रानी हमहूँ रानी, के भरी गगरी के पानी।
- घीव-गुड़ रहित, त आटा पँइचो माँग के पुआ पकइतीं।
- ना नीमन गितिया गाइब, ना मँड़उए धउरल जाइब।
- पराधीन सपनेहुँ सुख नाहीं।
- जवना गाछ त पवले आम, तवने गाछ त धउरल जाँय।
- माथे लउर भेंट ना, बाप-बाप गोहराँव।
- बिलाई के भागे सिकहर टूटल।
- बूझल ना सूझल, खूँटा धके जूझल।
- बेबान के खरिका बाँस बराबर।
- बेल के पकला से कउआ के का।
- भूसा लेबऽ त गेहूँ द आ गेहूँ देबऽ त भूसा ल।
- कोठी वाला रोए, छान्ही वाला सोए।

- साझ के सूई सेंगरा प।
- सात सेर के सात पकवलीं, चउदह सेर के एक्के
  ऊ कुलबोरना सातो खइलस, हम कुलवन्ती एक्के।
- सोना दहाइल जाय कोइला प छापा।
- हर के मारल के हेंगा बिसराम।
- हर ना जुआठ अँकवार भर के पैना।
- करनी में अस तस पगुरी में रस।
- आन्हर गुरु बहिर चेला, माँगे गुड़ त देबे ढेला।
- अगिला खेती आगे-आगे, पछिला खेती भागे जोगे।
- खाके पसरे, मार के सँसरे।
- ए कुक्कुर तू दूबर काहे? दू घर के आवाजाही में।
- एक्के माघे जाड़ न जाय।
- कंगाल के महुआ मीठ।
- क ख ग घ आवे ना, दे द माई पोथी।
- कदुआ प सितुहा चोख।
- कम काबू खीस जादा, मार खाय के इहे इरादा।
- कमाय लँगोटिया, खाय लमधोतिया।
- करिया मेघ डरावन, उजर मेघ बरसावन।
- करे परपंच कहावे पंच।
- कवनो बात के नइखे कमी, बस खरची के बाटे तंगी।
- गइल माघ दिन उन्तिस बाकी।
- घटला घर में नून कलेवा।
- घरी में घर जरे, नौ घरी भदरा।
- थरिया भुलाइल त गगरी में जोहाइल।
- थूक चटले पियास जाई?
- ना नीमन गितिया गाइब ना मँड़उआ धउरल जाइब।
- दूध दही तोरा, मथानी बजे मोरा।
- घर के जरल बन में गइलीं, बनवो लागल आग।
- घर के भेदी लंका दाह।
- चट मकई पट सनई।
- चाल चलीं सादा कि निबाहे बाप-दादा।
- चूरा के गवाही दही।

- चोर के मेहरारू चुप्पे रोव।
- पूछा ना पाछी दुलहिन के चाची।
- जवने रुचे तवन पचे।
- जवन रोगिया के भावे तवने बैदा फरमावे।
- जै जगदंबा जै जगदीस, जे देय पाँच टका ओकरे दीस।
- जोतत बोअत जनम सिराइल फिर कातिक के कातिक आइल।
- झगरा जड़ हाँसी, रोग जड़ खाँसी।
- ठठेरा के बिलाई, सूप ढबढबवला से डेराई?
- तपे जेठ त बरखा भरपेट।
- सावन साग न भादो दही।
- तलवार के घाव भरेला, बात के घाव ना भरे।
- तोर नउजी बिकाय मोर घलुवा दे।
- छेवे-छेवे खेत, कौरे-कौरे पेट।
- जंगली हाथी हाकिम चोर, तीनों बिगरे ओर न छोर।
- जइसन खीरा के चोर, वइसन हीरा के चोर।
- जइसन देवता ओइसन पूजा।
- जइसन नीयत ओइसन बरक्कत।
- जेकरे पाँव न फटे बिवाई से का जाने पीर पराई।

बुझौवल

- कम्मर प चेंगना, माथा प फूल, तेकर नइहर-घर बड़ी दूर (मक्का)
- अगल-बगल खूँटा, गाय मरखंडी, दूध बड़ा मीठा (सिंघाड़ा फल)
- आत घोड़ा जात घोड़ा, पानी देख डरात घोड़ा (जूता)
- उजरी बिलरिया के हरियर पोंछ (मूली)
- एक पेड़ अलबत्ता, ना फूल-फर, बस पत्ता (पान)
- एक सींग के गाय, जतना खियावें ओतना खाय (जाँता)
- कथ कसैली चूना पान, दू बेकती के बाइस कान (रावण-मन्दोदरी)
- खेत में उपजे सब मिलि खाय, घर में उपजे घर बहि जाय (फूट)
- चानी में धराइल, चुटुकपुर निसाफ भइल, नोहनगंज मराइल (जूँ)
- चार खंड के पोखरा, हाथी खड़ा नहाय
  बजर परे ओ पोखरा पंथी प्यासा जाय (ओस)
- जब्बर पहरू, अब्बर चोर, ओ पहरू के हाथ ना गोड़ (लक्ष्मण-रेखा)
- जे देखल से दउरल ना, जे दउरल से पावल ना
  जे पावल से चबावल ना, जे चबावल से पचावल ना
  (आँख, पैर, हाथ, दाँत, पेट)
- कटोरा प कटोरा, बेटा बपवो से गोरा (नारियल)
- घरे-घरे कौन पेटफटुआ, घरे-घरे कौन नकटेढ़ुआ? (गेहूँ, चना)
- धूप-घाम में कबो न सूखे, छाँह लगे मुरझाय
  हवा लगे से मरि-मरि जाए, बुझले नाहिं बुझाय (पसीना)
- पाँव बिना ऊपर चढ़े, बिन मुँह भोजन खाय
  बड़ा अचम्भा जीव जे, जल पीए मरि जाय (आग)
- सै लोहार, सैकड़ औजार, तबो न कटै चनन के गाछ (परछाईं)
- एक मुट्ठी लाई, सगरी छिंटाई, ना गिनले गिनाई, ना बिनले बिनाई (तारे)
- राजा के बेटा, नबाब के नाती, नौ सौ कपड़ा के बान्हेले गाँती (प्याज)
- घूम के अइले खेत-बधार, घर के कोना भइले ठाढ़ (लाठी)

परिशिष्ट

(क) लोकगीत

निमिया के डाढ़ि मइया...

नीम की डाल पर (शीतला) माँ झूला लगाती हैं, झूलते हुए माँ मेरी गीत गाती हैं।
झूलते-झूलते माँ को प्यास लगी, माली की आवास-ओर चल पड़ी माँ।
मालिन, सोयी हो कि जगी? एक बूँद पानी पिलाओ मुझे, एक बूँद।
कैसे मैं पानी पिलाऊँ शीतला माँ, तुम्हारा दिया बालक है मेरी गोद में।
बालक को सोन-खटोले पर सुला दो मालिन, एक बूँद पानी पिलाओ मुझे, एक बूँद।
एक हाथ में मालिन ने ताँबे का जलपात्र लिया, दूसरे हाथ में सिंहासन।
पानी तो माँ, तुमने पिया; अब सिंहासन पर बैठो (भी और) इस नगर का कुशल कहो माँ।
सारे नगर में कुशल है, मालिन! अब मैं तुम्हारा भला चाहती हूँ।
जैसे मालिन, तुमने मुझे जुड़ाया (शीतल किया) वैसे तुम्हारी बेटी जुड़ाए।
वैसे तुम्हारी बहू जुड़ाए।
बेटी तो अपनी ससुराल में है माँ! (और) तुम्हारी बहू अपने मायके है।
बेटी अपनी ससुराल में जुड़ाए मालिन; बहू तुम्हारी, अपने मायके जुड़ाए।
माँ! जैसा आसीस तुमने मालिन को दिया वैसा ही अमुक देव को देती।
वैसा ही अमुक देवी को देती।

केथुआ के ककही...

किस चीज की कंघी, किस चीज के लगे सरिये, किस चीज पर बैठी माँ अपने लम्बे केश बुहार रही है, किस चीज पर बैठी।

सोने की कंघी, रूपा के लगे सरिये, मचिया पर बैठी माँ अपने लम्बे केश बुहार रही है, मचिया पर बैठी।

टूट गई कंघी, छिटक गये सरिये, रूठ गई माँ। सुनार की दुकान जा रही है रूठी हुई माँ।

एक वन में गई माँ, दूसरे वन में गई, तीसरे वन में गउओं का चरवाहा मिला, तीसरे वन में।

गउओं के चरवाहे, मैं तुमसे पूछती हूँ, किधर पड़ेगी उस सुनार की दुकान, किधर पड़ेगी।

इस पार गंगा, उस पार यमुना, बीच रेत पर उस सुनार की दुकान है, बीच रेत पर।

तुझे आग लगे, वज्र पड़े तुझ पर, कैसे गढ़े तुमने कंघी के सरिये, कैसे गढ़े।

आज की रात बख्श दो मेरी माँ, होते प्रातः बैलों पर कंघियाँ लदवाँ दूँगा, होते प्रातः।

गाई के गोबरे महादेव...

महादेव! गाय के गोबर से लिपा गया आँगन, गजमुक्ताओं से पूरा गया चौका (अपने विवाह की यह गाथा) सुनिए हे शिव जी! दुहाई है शिव जी (आपकी)।

चौके पर (विवाह के लिए) बैठे हुए महादेव निंदाने लगे। हुदुका मारकर महादेवी ने (उन्हें) जगा दिया।

हुदुका मारने से रिसिया गए महादेव। बाँह बढ़ाकर महादेवी ने (उन्हें) मना लिया।

कौन देगा हाथी-घोड़ा, कौन देगा दुधारू गाय? कौन अपनी बेटी देगा, अँगुली धराकर?

बाबा (पिता) देंगे हाथी-घोड़ा, भाई देगा दुधारू गाय। माँ देगी अपनी बेटी, अँगुली धराकर।

खाने के लिए थाली (पाओगे) महादेव, अँचाने के लिए लोटा, सोने के लिए पलंग (और) ओढ़ने के लिए रजाई।

सुनते ही 'पलंग', सुनते ही 'रजाई' महादेव निंदाने लगे। हुदुका मारकर महादेवी ने (उन्हें) जगा दिया।

हुदुका मारने से रिसिया गए महादेव। बाँह बढ़ाकर महादेवी ने (उन्हें) मना लिया।

(अपने विवाह की यह गाथा) सुनिए हे शिवजी! दुहाई है शिवजी (आपकी)।

बाबा निबिया के पेड़...

बाबा, नीम का पेड़ मत काटो, चिड़ियों का बसेरा है यह नीम—बलैया लेती हूँ भाइयों की।

कोई बिटिया को दुख न दे बाबा! चिड़िया की तरह है बिटिया—भाइयों की बलैया लेती हूँ।

चिड़िया तो सभी उड़-उड़ जाएँगी, रह जाएगा अकेला नीम—भाइयों की बलैया लेती हूँ।

सबकी बेटियाँ ससुराल चली जाएँगी, माँ रह जाएगी अकेली—भाइयों की बलैया लेती हूँ।

कमर में सोहे करधनिया...

कमर में करधन शोभे, पाँव में पैजनी, (मेरे) लाल! दूर मत जाना खेलने, मैं ढूँढ़ने नहीं आऊँगी।

(मैं) सात भाइयों की बहन, बाप की अकेली बेटी, अपने हरि जी (पति) की परम प्यारी, कैसे आऊँगी ढूँढ़ने।

भोर हुआ, भिनसार, कलेवे का समय, कलेवे की बेला हो गई, (अब तक मेरा) लाल नहीं आया।

अँगिया के बन्द-बन्द टूटने लगे, आँचल के तार-तार फटने लगे, छाती हाहाकार कर उठी, मैं ढूँढ़ने आऊँगी।

सात भाइयों की (तुम) बहन, बाप की एक ही बेटी, (अपने) हरि जी की परम प्यारी, माँ! कैसे (तुम मुझे) ढूँढ़ने चली आई।

सातों भाइयों को छोड़ दिया, पिता को, मायके को छोड़ दिया, छोड़ दी (मैंने) हरि जी की सेज, ढूँढ़ने चली आई।

जैसे कुम्हार का आँवाँ भभक-भभक उठता है, वैसे ही धधक-धधक उठता है माँ का कलेजा।

काहे बिनु सून अँगनवा...

बाबा! किसके बिना सूना आँगन, किसके बिना सूना लखराँव (आम का बगीचा), किसके बिना सूना द्वार, किसके बिना सूना तुम्हारा पोखर।

बेटी! बेटी बिना सूना आँगन, कोयल बिना सूना लखराँव, बेटे बिना सूना द्वार, हंस बिना सूना मेरा पोखर।

बाबा! कैसे शोभे आँगन, कैसे शोभे लखराँव, कैसे शोभे द्वार, कैसे शोभे तुम्हारा पोखर।

बेटी! धर्म से बेटी उपजेगी, सेवा से आम तैयार होंगे, तप से बेटा मिलेगा, दान से हंस होंगे धारा-बीच।

बाबा! क्या देकर बेटी को तोष (प्रबोध) दोगे, क्या देकर आम के वृक्ष को, क्या देकर बीचधार के हंस को।

बेटी! धन देकर बेटी को तोष दूँगा, जल देकर आम के वृक्ष को, भूमि देकर पुत्र को, अन्न देकर बीचधार के हंस को।

बाबा! क्या देखकर जनवासा मोहित होगा, क्या देखकर तुम्हारी रसना लुभाएगी, क्या देख हृदय जुड़ाएगा, क्या देखकर जुड़ाएँगी आँखें।

बेटी! जनवासा मोहित होगा बेटी को देखकर, आम देखकर लुभाएगी रसना, पुत्र देखकर हृदय जुड़ाएगा, आँखें जुड़ाएँगी हंस को देखकर।

अरे पिया कौड़ी के लोभी...

अरे पिया, पैसे के लोभी, लौट आओ घर को।

(अगर नहीं लौटते, जाते ही हो तो) मेरे नायक! बार-बार विनय करती हूँ तुमसे, मुझ घरनी को भी साथ लिये जाओ।

मैं गाँठ जोड़कर तुम्हारे बैलों पर (सामान) लदवाऊँगी, डेरे पर भोजन बनाऊँगी। ऊपर से घी की धार गिराऊँगी (भोजन में), आँचल से हवा करूँगी।

धनि, यदि तुम बेली का फूल होती, तुम्हें अपनी पगड़ी के पेंच में रख लेता, लेकिन अभी कमउम्र हो तुम (तुम्हें साथ ले जाने पर) साथ के लोग हँसेंगे।

मेरे नायक! बार-बार बरजती हूँ तुम्हें, उत्तर (तरफ) व्यापार करने मत जाओ। उत्तर का पानी जहर है, विष है, माहुर है, कलेजे में (वह पानी) घाव की तरह लगता है। वह पानी पीते, स्वामी! अगर तुम मर-वर गये तो मैं अनाथ हो जाऊँगी।

अपने दाँत तुड़ाकर मैं कोठा उठा दूँगी, छाती को वज्र कपाट बना लूँगी। इन दोनों आँखों के बीच हाट लगा दूँगी, घर ही में करो रोजगार।

इमली की गाँठ का कोल्हू (लगाएँगे), बेल-बबूल की जाठ, जाठ के ऊपर (कोल्हू चलने पर) जिस तरह ढेकुली पिहकती है, वैसे ही पिहकता है मेरा हृदय।

आधी रात को प्रिय; तुम (व्यापार के लिए) बैल लादते हो, मेरी छाती कुहँकती है; ननद चिकोटी काटकर जगाती है (और बताती है), भइया व्यापार के लिए जा रहे हैं।

मेरे नायक! जिसकी नजर ऊँची होती है (लक्ष्य बड़ा होता है), (जिसकी) कुलवती पत्नी हो, वह कैसे विदेश जाएगा व्यापार के लिए, उसे घर ही में सवाया लाभ होगा।

छापक पेड़ छिउलिया...

ढाक का छोटा पेड़, घने पत्तों वाला—उसी के नीचे खड़ी हरिणी—बहुत अनमनी-सी।

चरते-चरते ही हरिण पूछता है, हरिणी! तुम्हारी चरी झुरा गई है कि पानी के बिना मुरझाई हुई हो?

न तो मेरी चरी झुराई है न मैं पानी के बिना मुरझाई हुई हूँ। आज राजाजी के घर छठी है, तुम्हें मार डालेंगे।

मचिये पर बैठी रानी कौसल्या, हरिणी अर्ज करती है कि रानी! मांस तो रसोई में सींझ रहा है, खलरी तुम मुझे दे देती।

पेड़ पर टाँगूँगी खलरी, मन को समझाऊँगी, घूम-फिरकर खलरी देखूँगी जैसे मेरा हरिण जीवित ही हो।

जाओ हरिणी, अपने घर जाओ, खलरी मैं नहीं दूँगी, खलरी से खँजड़ी मढ़वाऊँगी, मेरे राम खेलेंगे।

जब-जब खँजड़ी बजती है, उसकी आवाज सुनकर हरिणी अहँकती है—ढाक के नीचे खड़ी, हरिण को याद कर बिसूरती है।

जैसे मेरा मधुबन सूना हो गया, एक हरिण के बिना, वैसे ही सूनी हो जाएगी (एक दिन) अयोध्या, एक राम के बिना।

छोटी-मोटी पेड़वा चननवा के...

चन्दन का छोटा-मोटा पेड़, झिलमिल पत्ते—उसी के नीचे खड़ी हरिणी राह देख रही है हरिण की।

वन में से निकलता है हरिण, हरिणी से पूछता है कि हरिणी, क्यों तुम्हारा जी उदास है, क्यों तुम्हारा मन बेदिल है।

मैं राजाजी के महल में गई थी, वहाँ ऐसा कुछ सुनकर आई कि राजाजी के बहेलिये छूटे हुए हैं, राजा हरिणों को मरवा रहे हैं।

कौन यह बगान लगाता है, कौन राय पानी सींचते हैं, किसकी रानी गर्भ से हैं कि हरिण मरवा रहे हैं।

दशरथ बाग लगाते हैं, लक्ष्मण राय पानी सींचते हैं, रघुवर की रानी गर्भ से हैं कि (राजा) हरिण मरवा रहे हैं।

मचिये पर बैठी आप कौशल्या रानी—हरिणी विनती करती है—रामजी के नन्दलाल होंगे तो मुझे क्या दोगी?

सोने से मढ़ाऊँगी तुम्हारे दोनों सींग, तिल-चावल दूँगी खाने को, राज-सुख भोगो तुम जंगल-बीच—हरिण नहीं मारूँगी।

छापक पेड़ छिउल केरा...

ढाक का छोटा पेड़, पत्तों से सघन—उसी के नीचे खड़ी हुई घनी विपत्ति में पड़ी हुई सीता।

कहाँ पाऊँगी सोने की छुरी, कहाँ पाऊँगी धगरिन, कौन मेरी रात को जगेगा, कौन दुख बाँटेगा मेरा।

बन से निकलकर वनसप्ती देवी (वनस्पति देवी) सीता को समझाती हैं, चुप रहो बहन, चुप रहो; मैं दूँगी सोने की छुरी, मैं होऊँगी धगरिन, मैं जगूँगी तुम्हारी रात, मैं ही बाँटूँगी तुम्हारे दुख।

होते प्रातः शुकवा के उगते-उगते पुत्र का जन्म हुआ, आनन्द बधावा बजने लगा, सखियाँ सोहर गाने लगीं।

पुत्र! तुम अयोध्या में होते (जन्म लेते), राजा दशरथ के घर, तो राजा पूरी अयोध्या लुटा देते, कौशल्या देवी सारे गहने लुटा देतीं।

पुत्र! तुमने वन में जन्म लिया, वन के फूल तोड़ो, कुश ही ओढ़ना है, कुश ही बिछावन है, वन के फल ही भोजन हैं।

वन के नाई को बुलाया, जल्दी आओ, सीता को नन्दलाल हुआ है, रोचन पहुँचाओ।

पहला रोचन राजा दशरथ को, दूसरा रानी कौशल्या को, तीसरा लक्ष्मण को—राम न सुनने पाएँ।

दशरथ ने घोड़ा दिया, रानी कौशल्या ने गहने दिये, लक्ष्मण ने अँगूठी देकर नाई को विदा किया।

चार खंड का पोखरा, राम दातून कर रहे हैं, (राम पूछते हैं) लक्ष्मण! तुम्हारा माथा चमक रहा है, कहाँ पाया तुमने रोचन?

भाभी जो हैं मेरी, सीता देवी, जिन्होंने दोनों कुल की मर्यादा रखी, उन्हीं को पुत्र हुआ है, उन्हीं का रोचन मैंने पाया है।

हाथ का जलपात्र हाथ में ही रह गया, मुँह का दातुन मुँह में ही रह गया, मोतियों जैसे आँसू ढुलकने लगे राम के, दुपट्टे से पोंछ रहे हैं।

मोरा हजारों का चीरा...

हजारों का है मेरा वस्त्र, कोई रंग न डाले (कोई रंग भी नहीं डालता!)।

किधर से आते हैं काले बादल, किधर से आता है पिया मेरा।

पूरब से आते हैं काले बादल, पच्छिम से आता है पिया मेरा।

क्या लेकर आते हैं काले बादल, क्या लेकर आता है पिया मेरा।

जल लेकर आते हैं काले बादल, रंग लेकर आता है पिया मेरा।

क्या भिगोते हैं काले बादल, क्या भिगोता है पिया मेरा।

तन भिगोते हैं काले बादल, मन भिगोता है पिया मेरा।

आरे गंगाजी के गंगवट माटी...

गंगाजी की गंगवट माटी और गंगाजल, मेरे हाथ घिस गये घर लीपते, (लेकिन) माँ! आपके चित्त में दया नहीं।

कौन फूल लहलहा, किन फूलों रथ सजे, माँ! कौन फूल तुम्हें लुभाएँ—सेवक आपकी बाट जोह रहा है।

उड़हल-फूल लहलहा, चम्पा-फूलों रथ सजे, सेवक! बेला-फूल लुभाएँ मुझे—मेरे सेवक! मेरा रथ साजो।

कुँअवा खनवले कवन फल...

कुआँ खुदवाने का कौन फल, सुनो राजा दशरथ। झुंड की झुंड भरें (पानी) पनिहारिनें, तभी फल होगा।

बाग लगाने का कौन फल, सुनो राजा दशरथ। राही-बटोही फल खाएँ, तभी फल होगा।

पोखर खुदवाने का कौन फल, सुनो राजा दशरथ। गायें पिएँ जल शीतल, तभी फल होगा।

स्त्री-जनम का कौन फल, सुनो राजा दशरथ। पुत्र जब जनम ले, तभी फल होगा।

पुत्र के जनमने का कौन फल, सुनो राजा दशरथ। गया जाकर करे पिंडदान, तभी फल होगा।

कवना रंग के वृन्दा हो बनवा...

कौन रंग वृन्दावन, कौन रंग यमुना, कौन रंग मेरा बाल कन्हैया—आँगन में खेल रहा है।

हरा-हरा वृन्दावन, निर्मल यमुना, ढुनमुन-ढुनमुन बाल कन्हैया—आँगन में खेल रहा है।

कौन डायन, कौन जोगन आँगन में आई, दूध भी नहीं पीता मेरा बाल कन्हैया—इतना रो रहा है।

सास मेरी डायन, मेरी ननद जोगन; आँगन में आईं, दूध भी नहीं पीता मेरा बाल कन्हैया—इतना रो रहा है।

चन्दन का पेड़ काटूँगी, आँगन घेर दूँगी, दूध पिए मेरा बाल कन्हैया—आँगन में खेल रहा है।

सूतल सइयाँ के जगावे हो रामा...

कोयल! सोये पिया को तेरी मीठी बोली जगाये दे रही है।

रोज-रोज तो साँझ-सबेरे बोलती है कोयल, आज क्यों बोल रही है—आधी रात को।

अब तक तो कोयल तुम कोयल थी वन की, अब तू सौत हो गई मेरी, तेरी मीठी बोली सौत हो गई।

होने दो सुबह, बढ़ई बुलाऊँगी, जड़ से कटा दूँगी शिरीष का पेड़ (जिस पर बैठकर बोलती हो तुम)।

कवन गरहनवा बाबा साँझे जे लागे...

बाबा! कौन ग्रहण साँझ को लगता है, कौन ग्रहण सुबह, कौन ग्रहण मंडप में लगता है, कब होगा तुम्हारा उग्रह।

बेटी! चन्द्र ग्रहण साँझ को लगता है, सूर्य-ग्रहण सुबह, पुत्री-ग्रहण मंडप में लगता है, कभी नहीं होगा मेरा उग्रह।

बाबा! हंसराज घोड़ा है आपके पास, सोने के गढ़े हैं जिसके **चारों पैर, वही** घोड़ा बेटी को दान कर दोगे तब तुम्हारा उग्रह होगा।

ब्राह्मण काँपता है, मंडप काँपता है, काँपते हैं नगर के लोग, बेटी को जाँघ पर बिठाये बाबा काँपते हैं—अब मेरा उग्रह होगा।

किसके बिना, बाबा! होम नहीं होगा; किसके बिना खीर नहीं बनेगी, किसके बिना बाबा दुनिया अँधेरी है, किसके बिना धर्म नहीं होगा।

घी के बिना, बेटी! होम नहीं होगा, दूध के बिना खीर नहीं बनेगी, एक बेटे के बिना दुनिया अँधेरी, बेटी के बिना धर्म नहीं होगा।

सूतल सुगिया के सुगना जगावे...

सोई सुगनी को सुगना जगाता है कि सुगनी! चली चलो मेरे देश, कुंज-वन छोड़ दो।

क्या खिलाओगे, सुग्गे! क्या पिलाओगे, किस (पेड़) की डाल सुलाओगे कि कुंज-वन मैं छोड़ दूँ।

आम खिलाऊँगा, अमरस पिलाऊँगा, आम की डाल पर सुलाऊँगा, कुंज-वन छोड़ दो।

सोई अमुक देवी को अमुक राम जगाते हैं कि चली चलो मेरे देश, बाबा-घर छोड़ दो।

क्या खिलाओगे, स्वामी! क्या पिलाओगे, किस चीज की पलंग पर सुलाओगे कि बाबा का घर छोड़ दूँ।

खोआ खिलाऊँगा, दूध पिलाऊँगा, लाल-पलंग पर सुलाऊँगा, बाबा का घर छोड़ दो।

सोने के खरउँआ...

सोने के खड़ाऊँ पहने राजा राम कौसल्या से निवेदन करते हैं, मेरी माँ! आज्ञा करो न, वन को प्रस्थान करूँ।

जिस राम को दूध पिलाया, घी से उबटा—अन्दर से कलेजा फटता है मेरा—कैसे कहूँ वन जाने को।

राम हृदय हैं मेरे, लखन मेरी आँखों की पुतली, मेरे हाथ की चूड़ी है मेरी सीता रानी—कैसे कहूँ वन जाने को।

राम दोपहर में गये, लक्ष्मण तिपहर में, सँझवत के समय गई सीता जी, को कैसे समझाऊँ।

घी की पूरी पकाई मैंने, दूध की खीर बनाई—ये सभी व्यंजन विष हो गए मेरे लिए, वन को चले गए मेरे राम।

चारों मन्दिरों में चार-चार दीप जल रहे हैं, मेरे घर एक अकेला (राम के आने का आशादीप), मेरे लिए तो अँधेरा है सारा संसार—वन को चले गये मेरे राम।

भीतर से निकलीं कौशल्या रानी, आँखों से आँसू बह रहे हैं—राम-लखन सीता की जोड़ी किस वन में होगी!

घर-घर घूमकर कौशल्या रानी ने बच्चों को बटोरा, बच्चो! जरा धमाचौकड़ी करते तुम, कि राम को मैं भुला पाती।

राम के बिना अयोध्या सूनी, लखन के बिना घर सूना, सीता के बिना सूनी मेरी रसोई—कैसे समझाऊँ मैं मन को!

घर में दीप जलाऊँगी, सेज बिछाऊँगी, आधी रात को दुलारूँगी बेटे को, जैसे कि घर ही में हों मेरे राम।

सावन-भादो की रात है, उमड़-घुमड़कर मेघ बरस रहा है, राम! राम-लखन दोनों भाई भीग रहे होंगे कहीं।

रिमझिम-रिमझिम बरस रहे हैं देव, मुझे नहीं सुहाते। देव! उस वन में मत बरसना जाकर, जहाँ मेरे लड़के हैं।

राम का मुकुट भीगता है, लक्ष्मण के सिर का पाग, मेरी सीता का सिन्दूर भीग रहा है—लौट आओ घर को।

बाबा जे धियवा...

ऐसे कि जैसे जल निकाल दे मछली को (अपने भीतर से), बाबा (पिता) अपनी धिया (पुत्री) को निकाल रहे हैं।

ऐसे कि जैसे गागर चुरा लेता है घी को, अम्मा चुरा रही हैं अपनी धिया को।

ऐसे कि जैसे काँकर फटता है जेठ का, बाबा का कलेजा फट रहा है।

ऐसे कि जैसे बादर बरसता है भादो का, अम्मा की आँखें बरस रही हैं।

ठाढ़ गोरी गंगा...

गंगा में खड़ी गोरी (मुग्धा नायिका) गंगा को हिलोर रही है (इस अँदेसे में) कि उसकी झुलनी ले भागी है मछली।

सभा में जमे होंगे मेरे सम्मान्य ससुर, कोई जाए, उन्हें जताए कि झुलनी ले भागी है मछली। नदी में जाल-महाजाल डलवाएँ, झुलनी ले भागी है मछली।

दुआर पर (बैठक में) सजे होंगे मेरे सम्मान्य भसुर, कोई जाए...
बाग में घूम रहे होंगे मेरे लहुरा देवर, कोई जाए...
सेज पर सोए होंगे मेरे छोटे-से बालम, कोई जाए...

(ख) लोककथा

केकरा नाँवे सगुन उठाईं

एगुड़े—एक ही। सवांग—अपने कुल-परिवार का सदस्य।
भाइन—भाई का बहुवचन। एनियो—इधर भी। ओनियो—उधर भी।
तकड़—कुश्ती के खेल या किसी प्रकार के झगड़े का एक दौर, एक राउंड, इसे कुश्ती में आम तौर पर 'पकड़' और झगड़े में 'तकड़' कहते हैं।
पालो—पल्लव, पत्ता। करिहाँव—कमर।
अर्हवलस—आज्ञा दी, अर्हावल—आज्ञा देना।
सुभवा—दूल्हा। सुभई—दुलहन। उताहुल—उद्यत।

का लेके परदेसे जाईं

उकित—युक्ति। बँवर—जाल, महाजाल। लोईं—लोग।

भरबीतन

अगराइल—इतराइल, इतराना, खुशी से आगे बढ़ आना।
परियार—पिछले साल। एसों—इस साल।
परिहथ—हल का वह हिस्सा जिस पर हाथ रखकर हल चलाते हैं।
अखेयान कइल—ध्यान देना। भीरी—नजदीक। गोजर—कनखजूरा।
हींक भर—इच्छाभर। गौं—दाँव, घात।

बड़गाँवा के भागवत

पुनाहुत—पूर्णाहुति।

(ग) लोकनाट्य

अनेतिहन—अनेतिहा का बहुवचन। अनेतिहा—अनेत करने वाला।
अनेत—अनीति। बुला—शायद।

(घ) लोकगाथा

लोरिकी

मंजिलिया तूरत जाय—मंजिल तोड़ते जाना, मंजिल की दूरी को कम करते जाना। हेलल—पानी में प्रवेश करना। पुजमान—पूजनीय।

बाबू कुँवर सिंह

बसिनवा—बासिन्दा। जनावर—जानवर।
बिरोधनवा—विरोध-धन।

(ङ) लोकोक्ति

कंक—कंगाल।
लमधोतिया—लम्बी धोती पहनने वाला। अभिजात।

(च) बुझौवल

चेंगना—गदेला। बच्चा।
कथ—कत्था।
चानी—माथे का ऊपरी हिस्सा।
चुटुकपुर—चुटकी।
नोहनगंज—नाखून।